大 教 育 书 系

大学的意义

意义

梅贻琦

著

长江出版传媒

长江文艺出版社

图书在版编目（ＣＩＰ）数据

　　大学的意义 / 梅贻琦著. -- 武汉：长江文艺出版
社，　2021.6
　　（大教育书系）
　　ISBN 978-7-5702-1151-7

　　Ⅰ. ①大… Ⅱ. ①梅… Ⅲ. ①高等教育－文集 Ⅳ.
①G64-53

　　中国版本图书馆 CIP 数据核字(2019)第 140151 号

大学的意义
DAXUE DE YIYI

———————————————————————————

责任编辑：秦文苑　　　　　　　　　责任校对：毛　娟
封面设计：白砚川　　　　　　　　　责任印制：邱　莉　　胡丽平

———————————————————————————

出版： 长江出版传媒　 长江文艺出版社
地址：武汉市雄楚大街 268 号　　　邮编：430070
发行：长江文艺出版社
http://www.cjlap.com
印刷：武汉市籍缘印刷厂

———————————————————————————

开本：720 毫米×970 毫米　　　1/16　　印张：13. 75　　插页：1 页
版次：2021 年 6 月第 1 版　　　2021 年 6 月第 1 次印刷
字数：159 千字

———————————————————————————

定价：38.00 元

———————————————————————————

用大众立场看大家作品

——"大教育书系"序言

教育是世界上最特别最奇妙最千变万化的事情。

世界上任何变化，政治的、经济的、社会的、科技的……桩桩件件，都会发生蝴蝶效应，都会对教育产生这样那样的影响。所以，教育总在变化着。比如，计算机的出现，网络教学的流行，未来的课堂教学模式将发生根本的变革。当粉笔距离我们的讲台渐行渐远，未来的纸质书籍的阅读是否也会逐步让位于电子书籍？甚至，翻译机器可以完成基本的交流沟通时，语言教学是否也可能变得不再重要？这些已经发生的、即将发生的、可能发生的改变，让我们的明天变得不可预知。

同时，教育也是最坚韧最牢固最不会变化的事情。

万物改变迅捷，人性进化缓慢，教育因此万变不离其宗。所以，古今中外，人同此心，心同此理，人的身心发展的特点，人的学习与成长的过程，有着普遍规律可循。所以，无论我们读两千多年前的《论语》《学记》，还是读近百年来的杜威、苏霍姆林斯基，总觉得是那么亲切，离我们今天的教育是那么近。所以，我们只需稍稍去芜取精，就能将其中的绝大部分原理再度运用于教育教学实践，就会发现这些原理依然生命常青。也正是这个原因，百年来中外教育家的杰出著作，仍然活在当下，仍然对我们的教育具有重要的作用。

长江文艺出版社的这套"大教育书系",正是围绕后者而努力。

最初看到"大教育书系"的选题策划,是在年初的湖北长江出版集团的选题论证会上。坦率地说,当时的感觉不是很好。认为主题不够突出,选择人物看不出逻辑,选择标准不够清晰,而且大部分书是重新出版。

后来长江文艺出版社总编尹志勇来信告诉我,其实,"大教育书系"有自己的主题和逻辑。之所以命名为"大教育",首先是选择教育家的范围之大。书系将遴选从近代到当代的中外教育名家的代表性著作或新作,梳理中外现代教育的发展轨迹,并展示近一个世纪以来的教育所取得的成果。其次是读者群体之大。书系针对不同的读者群,主要有三个方向:一是针对中小学老师的教师培训,阐述现代教育理念,解决教育实践中面临的具体问题,培养优秀教师。二是针对父母的家庭教育,用现代的教育观念和手段影响父母,使父母成为教育体系中的重要且有效的环节,最终培育青少年健康成长与全面发展。三是针对中小学生以及学前儿童的学生教育,帮助学生提高学习效率,学会交往合作,学做现代公民。一句话,是用大众立场看大家作品。

至于选择的标准,他们提出了三条原则:一是作者具有足够影响力。所选作者应该是国内外被公认的教育名家,产生过广泛而深远的影响。比如陶行知、陈鹤琴、蒙台梭利等。二是突出实践性。所选作品能够深入浅出,具有可操作性,在作品风格方面,力求通俗化、大众化,做到理论与实践的有机统一。三是强调创新性。在遴选经典的同时,也推出当代在教育理论或实践方面有一定建树、观点新锐、富有探索精神且得到公众认可的作品。

所以,虽然我在作这序之时,尚无法看到书系的全貌,也无法估计书系的最终体量,但是能够感觉到出版方用心良苦,感觉到他们的宏大愿景。大浪淘沙,那些真正能够不断被人们捧起的书籍,总是有其强大的生命力的,总能冲破时间与空间的束缚到达我们的手中,抵达我们的心中。倘若教师、父母、孩子三方真正缔结为教育的同盟军，那时教育势必突破困局，得以成长壮大，成为现实生活中的真正大教育了。祝贺大教育书系诞生，更期盼现实大教育的来临。

    是为序。

朱永新

目　录 | CONTENTS

第三章　清华之为清华

第四章　西南联大的精神家园

第一章

大学教育之要义

大学的意义

今年吾们欢迎新到校的同学，觉着更有些意义，因为今年新来的一班比往年哪一班的人数都多；还因为当这国家多难的时期，又在一个很有危险性的地域之内，竟有这么多的青年来同吾们做学问，所以吾们这次欢迎诸君亦比欢迎往年新同学的时候，更觉欣慰。

吾们相信一个大学，不必以学生人数的多少征验它的成绩好坏，或是评定它的效率大小，不过在人数还不太多的时候，吾们很愿意尽量的录取，为的是可以多给些青年以求学的机会。所以既本着这个意思，又因为北平几校今夏不招考，吾们这次录取的人数不只是多，实是逾量的多了。吾们那时是鉴于往年录取新生，总有数十人不到校，所以按照宿舍现有容量，多加了二成，作为新生名额，万一诸君到校的超乎吾们所计算的人数之外，吾们当然不能拒绝，不过宿舍一切，大家都要多挤些，暂时从权些才好。

诸君大部分是由中学毕业出来的，一小部分是由别的大学转来的。大学与中学的办法不同；就是同是大学，各校的政策、风气亦有很多不同之点。本校的历史与本校的方针计划不久可以有机会与诸君谈谈，现在当诸君初入这个校园的时候，吾有几句话愿意先同诸位说一说：

一、诸君由中学出来再入一个大学，想研究些高深学术，这个志向是可贵的。诸君入了大学，还要父兄供给四年的费用，这件事在今日，就大多数而论是很不容易的；况且就今年说，诸君每一个人考取了，便有六七个未曾取上，这个机会亦算是难得的。那么诸君到校之后，千万要抱定这个志向，努力用功，不要让这个好机会轻轻错过。清华在中国可以算是一个较好的大学，固然它的不完备的地方，亦还很多，诸君到这里，吾们盼望不必太注意风景的良好、食住的舒适。诸君要多注意在吾们为诸君求学的设备，并能将这个机会充分的利用。

二、清华的风气向来是纯净好学的，这亦可以说是因为地势处在乡间，少受城市里的牵动，其实大原因还是在本校师生一向注重学问，顾全大局，所以虽亦经过几次风波，大家的学业未曾间断，这是在国内今日很难得的现象。但是一个学校的风气养成很难，破坏却很容易，诸君现在已是清华一分子，在今后四年内，诸君的行动要影响到清华风气的转移的一定不少，吾们盼望诸君能爱护它，保持它，改良它。吾说"改良"，因为吾们知道还有许多地方是不整齐，或是大家还没有十分注意的。在一个大团体里虽是很小的事（在一个人独居的时候，很不必注意的），倘若随便起来，也许发生很坏的影响。所以如同宿舍的安静，食堂的整洁，以及图书馆的秩序，虽都是课外的问题，亦于大家的精神上很有关系，为公众利益起见，各个人都应当特别注意。

三、吾们在今日讲学问，如果完全离开人民社会的问题，实在太空泛了，在现在国家处于内忧外患紧迫的情形之下，特别是热血的青年们，怎能不关心？怎能不着急？但是只有热心是不能于国家有真正补助的。诸君到学校来正是为从学问里研求拯救国家的方法，同时使个人受一种专门服务的训练，那么在这个时期内，诸君要拿出恳求的精神，切实去研究。思想要独立，态度要谦虚，不要盲从，不要躁进，吾们以前吃亏的地方，多半是由于事实没认清楚，拿半熟的主义去做试验，仿佛吃半熟的果子，不但于身体无益处，反倒肚子痛。古人有一句话说："七年之病，求三年之艾，苟为不畜，终身不得。"这个意思，吾们可以引用。就是吾们要解决的中国的大问题，并不是一两月或一两年的事，虽然是急难当前，吾们青年人还是要安心耐性，脚踏实地的一步一步去探讨。如果四年之后，诸君每人能得到一种学识或技能，在社会上成一有用人才，可以帮助国家解决一部分的困难，诸君才算对得起自己，对得起社会，这亦就是吾们向诸君所最希望的。

1932 年

教授的责任

今天是本校本学年开始上课的一天，新旧教授及新旧同学到校不久。今天藉行开学礼的机会，使师生们大家聚会见面，同时各同学可以领略各位教授的教言，这是我们最可欢欣的事。本校在过去一年间，正值国难临头、风云紧急的时期，但国势虽如此危亟①，本校校务、功课各方面，均尚能照常进行，未因时局关系，而致稍有停滞，此诚值得我们庆幸自慰的。至于本学年未来之一年中，能否仍照这样安安静静的读书，此时自不可知，此后惟有大家在校一天，各人本其职务上应当做的事，努力尽其责任而已。现在藉此聚会，要与诸君略谈几点。因为清华就表面上看去，见其学者来校教书之日众，建筑设备之渐增，似乎大有蒸蒸日上之概。但考诸实际，亦自有其困难，及其危机之存在：

一、本校经费，向来稳固，大家从未虑到有何意外之发生。不意今春政府因财政竭蹶，停付英美庚款一年，本校经费来源，即为美国退还庚款之一部。今停付一年，见诸实行，本校立即蒙受影响。当此事发生后，经本人向政府商榷的结果，在此一年间，借给本校维持费国币一百万元。惟因所入不敷所出，即有种种困难发生，只得将可节减者设法节减；可延缓者暂行延缓。其他仍须按照计划渐次进行，总期必要举办、不可或缓者，

---

① 亟，急也。

不使感受影响。现有唯一之希望，只求满一年后，庚款照常支付，本校始可赖以维持进展。如果不然，则大家殊难抱乐观。因本校经费，维持美退庚款拨充，不另受政府资助，已如上言。每月庚款收入项下，除支付学校经费及留美经费外，其尤关紧要者，即此后本校基金之积存，端赖以后数年中之美国退款之余款拨充。倘一年以后庚款再有问题，则基金成立困难，而学校根本动摇，所谓危机即在此。

二、即本校今年收录新生之多，为历年所未有。各地学校或受时局影响，或缘特殊原因，使一般青年求学问题发生困难。故今年投考本校者，亦较前激增。本校尽力之所及，特别增加名额，俾多于外间同学一求学机会。现在新同学，竟占全体学生三分之一，其中因素因习惯之不同，以及所受训习之各异，在团体中难免有参差不齐之处，希望新旧两方面融合起来，共同保持清华以往的良好的学风。我们也相信清华也有很多应行改良之处，我们亦要设法纠正，其固有之优点，大家亦要爱护保持，一方面要靠旧同学随时检点，来做榜样，同时还希望新同学大家多多注意自勉。

三、本校一年以来，有些新的发展。例如法学院法律学系之增设，工程学科之扩充。此外若已进行之各项建筑，不久皆可完成，在外观上看来，总算不错。再加上园内生活之安适，读书研究之便利，大可闭起园门，埋首用功，不必再问外事。但大家不要因自己环境之舒适，而忘怀园外的情形。在中国今日状况之下，除安心读书外，还要时时注意到国家的危难。吾们如果要像欧洲中世纪僧院的办法，是绝对做不到的。但我们要纾难救国，不必专以开会宣传为已尽其责。宣传效果之如何，是大家所共知的。我们应该从事实上研究怎样可以得到切实有效的方法，帮助国家做种种建设的事业。这样才可以把学问做活了。我们的学生将来才成社会上真有用的人才。凡一校精神所在，不仅仅在建筑设备方面之增加，而实在教授之得人。本校得有请好教授之机会，故能多聘好教授来校。这是我们非常可幸的事。从前我曾改易《四书》中两语："所谓大学者，非谓有大楼之谓也，有大师之谓也。"现在吾还是这样想，因为吾认为教授责任不尽在指导学生如何读书，如何研究学问。凡能领学生做学问的教授，必能指导学生如何做人，因为求学与做人是两相关联的。凡能真诚努力做学问的，他们做人亦必不取巧，不偷赖①，不作伪，故其学问事业终有成就。以后谈话机会甚多，余不多说。现在即介绍去年休假出国、新近回校的各位教授讲演游历各国之感想，以增加我们进取的精神，并请各位新聘教授赐以教言……

1932 年

---

① 赖，通"懒"。

做学问的方法

　　此次纪念周是本学期最末的一次。因为从下星期一起，就要举行学年考试，纪念周即当暂停举行。今天请袁希渊①、施嘉炀②两先生分别讲演。袁先生新从西北考察返平，本校敦请担任地理学系主任事务。现在先请袁先生讲述地理学概要及发展计划。惟上星期一陈席山③先生因事未出席讲演。在历次纪念周会各系讲演中，仅缺生物学一系。本学期纪念周既将停止，拟请陈先生将讲稿在校刊上登出，以当讲演。这三个月里诸位听了这多次的讲演，对于各学科要点，当已得到不少的了解。本校举办这些系的目的，固然是希望学生获得一技一艺之专长，以期立身致用于社会。同时盼大家在注意本系主要课程之外，并于其他学科也要有相当认识。有人认为学文学者，就不必注意理科，习工科者就不必注意文科，所见似乎窄小一点。学问范围务广，不宜过狭，这样才可以使吾们对于所谓人生观，得到一种平衡不偏的观念。对于世界大势文化变迁，亦有一种相当了解。如此不但使吾们的生活上增加意趣，就是在服务方面亦可以加增效率。这是本校对于全部课程的一种主张，盼望大家特别注意的。

1932 年

---

　　① 袁希渊，即袁复礼，著名地质、地层及考古学家。当时担任清华地学系教授兼主任。

　　② 施嘉炀，著名水利及火力发电工程学家。当时担任清华土木工程学系教授兼主任，并曾几度出任清华工学院院长。

　　③ 陈席山，即陈桢，著名动物学家，当时担任清华生物学系教授兼主任。

体魄健康才能救国

......

近来时局日趋紧急，据报纸及他方面消息，战事未见十分顺利，大决战尚未开始，将来局势不知要演变到如何程度。据个人观测，日本不顾一切，任意横行，国际方面恐亦不能终久坐视。然则战祸旋涡，必致愈扩愈大，势将牵动全世界，恐亦必非短时期所能收拾。我们于此时艰，更应努力准备。近来国人提倡科学运动的日多，实因我国对日作战，非忠勇之气不能过人，徒以科学逊色，武器不及，为未能克敌制胜之主因。我们要从速研究实用科学，以供国家需要。此种大问题自难急切见效。不过我们要尽力而为，能做到一分，即可有一分功效。

再有一语，要向大家谆告。看起来觉得平常，其实即救国的根本问题：本校向来注重体育，然而还有许多同学的体力不强，这是应切实注意的。至于如何锻炼，自不全在每日赛跑蹴球，必须对于起居、饮食、眠憩种种方面时加注意，方可增进健康。昨与人谈及本校成绩良好之学生，体气每多不佳。此非云体气好者成绩即不佳，不过往往有体气与成绩不能平衡发展，确为事实。身体之强弱，关系一己之成就甚大。如果体气不充，精神不足，事业前途既属可忧，而关乎寿命之修短尤大。将来毕业出去担负任何工作，均以体力精神为前提；外患如此紧急，如做长期抵抗，是要靠各个人的全副精力去工作。我们要将灵敏的脑力，寓寄于健全体魄之中。而后才能担当艰巨，才能谈到救国。

1933 年

关于校内集会的意义

今天举行本学年第一次纪念周会，此集会之意义，从前曾向大家说过，不是奉行故事的一种举动，乃是全校师生很重要的一个集合。平日因课务甚忙，求抽出时间，使师生常常聚会，很不容易。所以在这每星期一次的集会，如能全体到齐，约有一千五六百人，大家藉此机会晤面亲近，表现出团体生活精神。且集合唱歌听讲，于陶冶性情、增进知识两方面，同时可以得到。下次学生座次排定后，即按座点名，务使整齐，如出席人少，则失去团体集合意义。高年级学生功课较忙，但平常尽可努力，不应在此时间，藉故缺席。须知此种集会，亦学校中共同工作、共同生活之一重要部分，若因少数人随便，影响大众，则使集会精神无从表现。这是本校所切望诸君共同注意的。

今日特约讲员为本校政治学系教授王化成先生，王先生于去年休假赴欧考察，适值欧洲多事，局面紧张；近来形势日趋纷扰，国际问题遂益为世人所注意。今日王先生即本实际考察所得，讲演"欧洲国际纷扰之原因"。前日蒋廷黻先生曾为吾们讲过世界三种主义的竞争，同属国际间重要问题。

1935 年

大学一解

今日中国之大学教育，溯其源流，实自西洋移植而来，顾制度为一事，而精神又为一事。就制度言，中国教育史中固不见有形式相似之组织；就精神言，则文明人类之经验大致相同，而事有可通者。文明人类之生活要不外两大方面，曰己，曰群，或曰个人，曰社会。而教育之最大的目的，要不外使群中之己与众己所构成之群各得其安所遂生之道，且进以相位相育，相方相苞；则此地无中外，时无古今，无往而不可通者也。

两洋之大学教育已有八九百年之历史，其目的虽鲜有明白揭橥之者，然试一探究，则知其本源所在，实为希腊之人生哲学，而希腊人生哲学之精髓无它，即"一己之修明"是矣（Know thyself）。此与我国儒家思想之大本又何尝有异致？孔子于《论语·宪问》曰，"古之学者为己"，而病今之学者舍己以从人。其答子路问君子，曰"修己以敬"，进而曰，"修己以安人"，又进而曰，"修己以安百姓"；夫君子者无它，即学问成熟之人，而教育之最大收获也。曰安人百姓者，则又明示修己为始阶，本身不为目的，其归宿，其最大之效用，为众人与社会之福利，此则较之希腊之人生哲学，又若更进一步，不仅以一己理智方面之修明为己足也。

及至《大学》一篇之作，而学问之最后目的，最大精神，乃益见显著。《大学》一书开章明义之数语即曰，"大学之道，在明明德，在新民，在止于至善"。若论其目，则格物，致知，诚意，正心，修身，属明明德，而齐家，治国，平天下，属新民。《学记》曰，"九年知类通达，强立而不反，谓之大成；夫然后足以化民易俗，近者悦服，而远者怀之，此大学之道也"。知类通达，强立不反二语，可以为明明德之注脚，化民成俗，近悦远怀三语可以为新民之注脚。孟子于《尽心章》，亦言修其身而天下平。荀子论"自知者明，自胜者强"亦不出明明德之范围，而其泛论群居生活之重要，群居生活之不能不有规律，亦无非阐发新民二字之真谛而已。总之，儒家思想之包罗虽广，其于人生哲学与教育理想之重视明明德与新民二大步骤，则始终如一也。

今日之大学教育，骤视之，若与明明德、新民之义不甚相干，然若加深察，则可知今日大学教育之种种措施，始终未能超越此二义之范围，所患者，在体认尚有未尽而实践尚有不力耳。大学课程之设备，即属于教务范围之种种，下自基本学术之传授，上至专门科目之研究，固格物致知之功夫而明明德之一部分也。课程以外之学校生活，即属于训导范围之种种，以及师长持身、治学、接物、待人之一切言行举措，苟于青年不无几分裨益，此种裨益亦必于格致诚正之心理生活见之。至若各种人文科学、社会科学学程之设置，学生课外之团体活动，以及师长以公民之资格对一般社会所有之努力，或为一种知识之准备，或为一种实地工作之预习，或为一种风声之树立，青年一旦学成离校，而于社会有所贡献，要亦不能不资此数者为一部分之挹注。此又大学教育新民之效也。

然则所谓体认未尽实践不力者又何在？明明德或修己工夫中之所谓明德，所谓己，所指乃一人整个之人格，而不是人格之片段。所谓整个之人格，即就比较旧派之心理学者之见解，至少应有知、情、志三个方面，而此三方面者皆有修明之必要。今则不然，大学教育所能措意而略有成就者，仅属知之一方面而已，夫举其一而遗其二，其所收修明之效，因已极有限也。然即就知之一端论之，目前教学方法之效率亦大有尚待扩充者。

理智生活之基础为好奇心与求益心，故贵在相当之自动，能有自动之功，斯能收自新之效，所谓举一反三者，举一虽在执教之人，而反三总属学生之事。若今日之教学，恐灌输之功十居七八，而启发之功十不得二三。明明德之义，释以今语，即为自我之认识，为自我知能之认识，此即在智力不甚平庸之学子亦不易为之，故必有执教之人为之启发，为之指引，而执教者之最大能事，亦即至此而尽，过此即须学子自为探索；非执教者所得而助长也。故古之善教人者，《论语》谓之善诱，《学记》谓之善喻。孟子有云"君子深造之以道，欲其自得之也，自得之，则居之安，居之安，则资之深，资之深，则取之左右逢其源，故君子欲其自得之也"，此善诱或善喻之效也。今大学中之教学方法，即仅就知识教育言之，不逮尚远。此体认不足实践不力之一端也。

至意志与情绪两方面，既为寻常教学方法所不及顾，则其所恃者厥有两端，一为教师之树立楷模，二为学子之自谋修养。意志须锻炼，情绪须裁节，为教师者果能干二者均有相当之修养工夫，而于日常生活之中与以自然之流露，则从游之学子无形中有所取法；古人所谓身教，所谓以善先人之教，所指者大抵即为此两方面之品格教育，而与知识之传授不相干也。治学之精神与思想之方法，虽若完全属于理智一方面之心理生活，实则与意志之坚强与情绪之稳称有极密切之关系；治学贵谨严，思想忌偏蔽，要非持志坚定而用情有度之人不办。孟子有曰，"仁义礼智根于心，其生色也，睟然见面，盎于背，施于四体，四体不言而喻"。曰根于心者，修养之实，曰生于色者，修养之效而自然之流露；设学子所从游者率为此类之教师再假以时日，则濡染所及，观摩所得，亦正复有其不言而喻之功用。《学记》所称之善喻，要亦不能外此。试问今日之大学教育果真具备此条件否乎？曰否。此可于三方面见之。上文不云乎，今日大学教育所能措意者仅为人格之三方面之一，为教师者果能于一己所专长之特科知识，有充分之准备，为明晰之讲授，作尽心与负责之考课，即已为良善之教师，其于学子之意志与情绪生活与此种生活之见于操守者，殆有若秦人之视越人之肥瘠；历年既久，相习成风，即在有识之士，亦复视为固然，不思改作，浸假而以此种责任完全诿诸他人，曰"此乃训育之事，与教学根本无干"。此条件不具备之一方面也。为教师者，自身固未始不为此种学风之产物，其日以孜孜者，专科知识之累积而已，新学说与新实验之传习而已，其于持志养气之道，待人接物之方，固未尝一日讲求也；试问己所未能讲求或无暇讲求者，又何能执以责人？此又一方面也。今日学校环境之内，教师与学生大率自成部落，各有其生活之习惯与时尚，舍教室中讲授之时间而外，几于不相谋面，军兴以还，此风尤甚，即有少数教师，其持养操守足为学生表率而无愧者，亦犹之椟中之玉，斗底之灯，其光辉不达于外，而学子即有切心于观摩取益者，亦自无从问径，此又一方面也。古者学子从师受业，谓之从游，孟子曰，"游于圣人之门者难为言"，间尝思之，游之时义大矣哉。学校犹水也，师生犹鱼也，其行动犹游泳也，大鱼前导，小鱼尾随，是从游也，从游既久，其濡染观摩之效，自不求而至，不为而成。反观今日师生之关系，直一奏技者与看客之关系耳，去从游之义不綦远哉！此则于大学之道，"体认尚有未尽、实践尚有不力"之第二端也。

至学子自身之修养又如何？学子自身之修养为中国教育思想中最基本之部分，亦即儒家哲学之重心所寄。《大学》八目，涉此者五，《论语》《中庸》《孟子》之所反复申论者，亦以此为最大题目。宋元以后之理学，举要言之，一自身修善之哲学耳；其派别之分化虽多，门户之纷呶虽甚，所争者要为修养之方法，而于修养之必要，则靡不同也。我侪以今日之眼光相绳，颇病理学教育之过于重视个人之修养，而于社会国家之需要，反不能多所措意；末流之弊，修身养性几不复为入德育才之门，而成遁世避实之路。然理学教育之所过即为今日学校教育之所不及。今日大学生之生活中最感缺乏之一事即为个人之修养。此又可就下列三方面分别言之：

一曰时间不足。今日大学教育之学程太多，上课太忙，为众所公认之一事，学生于不上课之时间，又例须有多量之"预备"功夫，而所预备者又不出所习学程之范围，于一般之修养邈不相涉。习文史哲学者，与修养功夫尚有几分关系，其习它种理实科目者，无论其为自然科学或社会科学，犹木工水作之习一艺耳。习艺愈勤去修养愈远。何以故？曰，无闲暇故。仰观宇宙之大，俯察品物之盛，而自审其一人之生应有之地位，非有闲暇不为也。纵探历史之悠久，文教之累积，横索人我关系之复杂，社会问题之繁变，而思对此悠久与累积者宜如何承袭节取而有所发明，对复杂繁变者宜如何应付而知所排解，非有闲暇不为也。人生莫非学问也，能自作观察、欣赏、沉思、体会者，斯得之。今学程之所能加惠者，充其量，不过此种种自修功夫之资料之补助而已，门径之指点而已，至若资料之咀嚼融化，门径之实践以至于升堂入室，博者约之，万殊者一之，则非有充分之自修时间不为功。就今日之情形而言，则咀嚼之时间，且犹不足，无论融化，粗识门径之机会犹或失之，姑无论升堂入室矣。

二曰空间不足。人生不能离群，而自修不能无独，此又近顷大学教育最所忽略之一端。《大学》一书尝极论毋自欺、必慎独之理。不欺人易，不自欺难，与人相处而慎易，独居而慎难。近代之教育，一则曰社会化，再则曰集体化，卒使黉舍悉成营房，学养无非操演，而慎独与不自欺之教亡矣。夫独学无友，则孤陋而寡闻，乃仅就智识之切磋而为言者也；至情绪之制裁，意志之磨砺，则固为我一身一心之事，他人之于我，至多亦只所以相督励、示鉴戒而已。自"慎独"之教亡，而学子乃无复有"独"之机会，亦无复作"独"之企求；无复知人我之间精神上与实际上应有之充分之距离，适当之分寸，浸假而无复和情绪制裁与意志磨炼之为何物，即无复和《大学》所称诚意之为何物，充其极，乃至于学问见识一端，亦但知从众而不知从己，但知附和而不敢自作主张，力排众议。晚近学术界中，每多随波逐浪（时人美其名曰"适应潮流"）之徒，而少砥柱中流之辈，由来有渐，实无足怪。《大学》一书，于开章时阐明大学之目的后，即曰，"知止而后有定，定而后能静，静而后能安，安而后能虑，虑而后能得"。今日之青年，一则因时间之不足，再则因空间之缺乏，乃至数年之间，竟不能如绵蛮黄鸟之得一丘隅以为休止。休止之时地既不可得，又遑论定、静、安、虑、得之五步功夫耶？此深可虑而当亟为之计者也。

三曰师友古人之联系之阙失。关于师之一端，上文已具论之，今日之大学青年，在社会化与集体生活化一类口号之空气之中，所与往还者，有成群之大众，有合夥之伙伴，而无友。曰集体生活，又每苦不能有一和同之集体，或若干不同而和之集体，于是人我相与之际，即一言一动之间，亦不能不多所讳饰顾忌，驯至舍寒暄笑谑与茶果征逐而外，根本不相往来。此目前有志之大学青年所最感苦闷之一端也。夫友所以祛孤陋，增闻见，而辅仁进德者也，个人修养之功，有恃于一己之努力者固半，有赖于友朋之督励者亦半；今则一己之努力既因时空两间之不足而不能有所施展，有如上文所论，而求友之难又如此，又何怪乎成德达材者之不多见也。古人亦友也，孟子有尚友之论，后人有尚友之录，其对象皆古人也。今人与年龄相若之同学中既无可相友者，有志者自犹可于古人中求之。然求之又苦不易。史学之必修课程太少，普通之大学生往往仅修习通史一两门而止，此不易一也。时人对于史学与一般过去之经验每不重视，甚者且以为革故鼎新之精神，即在完全抹杀已往，而创造未来，前人之言行，时移世迁，即不复有分毫参考之价值，此不易二也。即在专考史学之人，又往往用纯粹物观之态度以事研究，驯至古人之言行举措，其所累积之典章制度，成为一堆毫无生气之古物，与古生物学家所研究之化石骨殖无殊，此种研究之态度，非无其甚大之价值，然设过于偏注，则史学之与人生将不复有所联系，此不易三也。有此三不易，于是前哲所再三申说之"以人鉴人"之原则将日趋湮没，而"如对古人"之青年修养之一道亦日即于荒秽不治矣。学子自身之不能多所修养，是近代教育对于大学之道体认尚有未尽、实践尚有不力之第三端也。

以上三端，所论皆为明德一方面之体认未尽与实践不力，然则新民一方面又如何？大学新民之效，厥有两端。一为大学生新民工作之准备；二为大学校对社会秩序与民族文化所能建树之风气。于此两端，今日之大学教育体认亦有未尽，而实践亦有不力也。试分论之。

大学有新民之道，则大学生者负新民工作之实际责任者也。此种实际之责任，因事先必有充分之准备，相当之实验或见习，而大学四年，即所以为此准备与实习而设，亦自无烦赘说。然此种准备与实习果尽合情理乎？则显然又为别一问题。明德功夫即为新民功夫之最根本之准备，而此则已大有不能尽如人意者在，上文已具论之矣。然准备之缺乏犹不止此。今人言教育者，动称通与专之二原则。故一则曰大学生应有通识，又应有专识，再则曰大学卒业之人应为一通才，亦应为一专家，故在大学期间之准备，应为通专并重。此论固甚是，然有不尽妥者，亦有未易行者。此论亦固可以略救近时过于重视专科之弊，然犹未能充量发挥大学应有之功能。窃以为大学期内，通专虽应兼顾，而重心所寄，应在通而不在专，换言之，即须一反目前重视专科之倾向，方足以语于新民之效。夫社会生活大于社会事业，事业不过为人生之一部分，其足以辅翼人生，推进人生，固为事实，然不能谓全部人生即寄寓于事业也。通识，一般生活之准备也，专识，特种事业之准备也，通识之用，不止润身而已，亦所以自通于人也，信如此论，则通识为本，而专识为末，社会所需要者，通才为大，而专家次之，以无通才为基础之专家临民，其结果不为新民，而为扰民。

此通专并重未为恰当之说也。大学四年而已，以四年之短期间，而既须有通识之准备，又须有专识之准备，而二者之间又不能有所轩轾，即在上智，亦力有未逮，况中资以下乎？并重之说所以不易行者此也。偏重专科之弊，既在所必革，而并重之说又窒碍难行，则通重于专之原则尚矣。

难之者曰，大学而不重专门，则事业人才将焉出？曰，此未做通盘观察之论也。大学虽重要，究不为教育之全部，造就通才虽为大学应有之任务，而造就专才则固别有机构在。一曰大学之研究院。学子即成通才，而于学问之某一部门，有特殊之兴趣，与特高之推理能力，而将以研究为长期或终身事业者可以入研究院。二曰高级之专门学校。艺术之天分特高，而审美之兴趣特厚者可入艺术学校，躯干刚劲，动作活泼，技术之智能强，而理论之兴趣较薄者可入技术学校。三曰社会事业本身之训练。事业人才之造就，由于学识者半，由于经验者亦半，而经验之重要，且在学识之上，尤以社会方面之事业人才所谓经济长才者为甚，尤以在今日大学教育下所能产生之此种人才为甚。今日大学所授之社会科学知识，或失之理论过多，不切实际，或失诸凭空虚构，不近人情，或失诸西洋之资料太多，不适国情民性；学子一旦毕业而参加事业，往往发现学用不相呼应，而不得不于所谓"经验之学校"中，别谋所以自处之道，及其有成，而能对社会有所贡献，则泰半自经验之学校得来，而与所从卒业之大学不甚相干，以至于甚不相干。至此始恍然于普通大学教育所真能造就者，不过一出身而已，一资格而已。

出身诚是也，资格亦诚是也。我辈从事大学教育者，诚能执通才之一原则，而曰，才不通则身不得出，社会亦诚能执同一之原则，而曰，无通识之准备者，不能取得参加社会事业之资格，则所谓出身与资格者，固未尝不为绝有意识之名词也。大学八目，明德之一部分至身修而止，新民之一部分自身修而始，曰出身者，亦曰身已修，德已明，可以出而从事于新民而已矣，夫亦岂易言哉？不论一人一身之修明之程度，不问其通识之有无多寡，而但以一纸文凭为出身之标识者，斯失之矣。

通识之授受不足，为今日大学教育之一大通病，固已渐为有识者所公认，然不足者果何在，则言之者尚少。大学第一年不分院系，是根据通之原则者也，至第二年而分院系，则其所据为专之原则。通则一年，而专乃三年，此不足之最大原因而显而易见者。今日而言学问，不能出自然科学，社会科学，与人文科学三大部门；曰通识者，亦曰学子对此三大部门，均有相当准备而已，分而言之，则对每门有充分之了解，合而言之，则于三者之间，能识其会通之所在，而恍然于宇宙之大，品类之多，历史之久，文教之繁，要必有其一以贯之之道，要必有其相为因缘与依倚之理，此则所谓通也。今学习仅及期年而分院分系，而许其进入专门之学，于是从事于一者，不知二与三为何物，或仅得二与三之一知半解，与道听途说者初无二致；学者之选习另一部门或院系之学程也，亦先存一"限于规定，聊复选习"之不获已之态度，日久而执教者亦曰，"聊复有此规定尔，固不敢从此期学子之必成为通才也"。近年以来，西方之从事于大学教育者，亦尝计虑及此，而设为补救之法矣。其大要不出二途。一为展缓分院分系之年限，有自第三学年始分者；二为第一学年中增设"通论"之学程。窃以为此二途者俱有未足，然亦颇有可供攻错之价值；可为前途改革学程支配之张本。大学所以宏造就，其所造就者为粗制滥造之专家乎，抑为比较周见洽闻、本末兼赅、博而能约之通士乎？胥于此种改革卜之矣。大学亦所以新民，吾侪于新民之义诚欲做进一步之体认与实践，欲使大学出身之人，不藉新民之名，而作扰民之实，亦胥以此种改革为入手之方。

然大学之新民之效，初不待大学生之学成与参加事业而始见也。学府之机构，自身亦正复有其新民之功用，就其所在地言之，大学俨然为一方教化之重镇，而就其声教所暨者言之，则充其极可以为国家文化之中心，可以为国际思潮交流与朝宗之汇点（近人有译英文 Focus 一字为汇点者，兹从之）。即就西洋大学发展之初期而论，十四世纪末年与十五世纪初年，欧洲中古文化史有三大运动焉，而此三大运动者均自大学发之。一为东西两教皇之争，其终于平息而教权复归于一者，法之巴黎大学领导之功也；二为魏克文夫（Wyclif）之宗教思想革新运动，孕育而拥护之者英之牛津大学也；三为郝斯（John Hus）之宗教改革运动，郝氏与惠氏之运动均为十六世纪初年马丁·路得宗教改革之先声，而孕育与拥护之者，布希米亚（战前为捷克地）之蒲拉赫（Prague）大学也。大学机构自身正复有其新民之效，此殆最为彰明较著之若干例证。

间尝思之，大学机构之所以生新民之效者，盖又不出二途。一曰为社会之倡导与表率，其在平时，表率之力为多，及处非常，则倡导之功为大。上文所举之例证，盖属于倡导一方面者也。二曰新文化因素之孕育涵养与简练揣摩。而此二途者又各有其凭藉。表率之效之凭藉为师生之人格与其言行举止。此为最显而易见者。一地之有一大学，犹一校之有教师也，学生以教师为表率，地方则以学府为表率，古人谓一乡有一善士，则一乡化之，况学府者应为四方善士之一大总汇乎？设一校之师生率为文质彬彬之人，其出而与社会周旋也，路之人亦得指而目之曰，"是某校教师也，是某校生徒也"，而其所由指认之事物为语默进退之间所自然流露之一种风度，则始而为学校环境以内少数人之所独有者，终将为一地方所共有，而成为一种风气；教化云者，教在学校环境以内，而化则达于学校环境以外，然则学校新民之效，固不待学生出校而始见也明矣。

新文化因素之孕育所凭藉者又为何物？师生之德行才智，图书实验，大学之设备，可无论矣。所不可不论者为自由探讨之风气。宋儒安定胡先生有曰，"艮言思不出其位，正以戒在位者也，若夫学者，则无所不思，无所不言，以其无责，可以行其志也；若云思不出其位，是自弃于浅陋之学也"。此语最当。所谓无所不思，无所不言，以今语释之，即学术自由（Academic Freedom）而已矣。今人颇有以自由主义为诟病者，是未察自由主义之真谛者也。夫自由主义（Liberalism）与荡放主义（Libertinism）不同，自由主义与个人主义，或乐利的个人主义，亦截然不为一事。假自由之名，而行荡放之实者，斯病矣。大学致力于知、情、志之陶冶者也，以言知，则有博约之原则在，以言情，则有裁节之原则在，以言志，则有持养之原则在，秉此三者而求其所谓"无所不思，无所不言"，则荡放之弊又安从而乘之？此犹仅就学者一身内在之制裁而言之耳，若自新民之需要言之，则学术自由之重要，更有不言而自明者在。新民之大业，非旦夕可期也，既非旦夕可期，则与此种事业最有关系之大学教育，与从事于此种教育之人，其所以自处之地位，势不能不超越几分现实，其注意之所集中，势不能为一时一地之所限止，其所期望之成就，势不能为若干可以计日而待之近功。职是之故，其"无所不思"之中，必有一部分为不合时宜之思，其"无所不言"之中，亦必有一部分为不合时宜之言；亦正惟其所思所言，不尽合时宜，乃或不合于将来，而新文化之因素胥于是生，进步之机缘，胥于是启，而新民之大业，亦胥于是奠其基矣。

"大学之道，在明明德，在新民，在止于至善"。至善之界说难言也，姑舍而不论。然明明德与新民二大目的固不难了解而实行者。然洵如上文所论，则今日之大学教育，于明明德一方面，了解犹颇有未尽，践履犹颇有不力者，而不尽不力者，要有三端，于新民一方面亦然，其不尽力者要有二端。不尽者尽之，不力者力之，是今日大学教育之要图也，是"大学一解"之所为作也。

1941 年

第二章

青年的使命与责任

赠别大一诸君

　　诸君不久将在清华毕业，放洋游美，这是诸君在校数年以来所存的一个大希望。这希望不久就要实现了，诸君的快乐可想而知，所以凡校中诸师友当然要为诸君祝贺！

　　吾们祝贺诸君的意思，一小部分是因为诸君在校的工作完定了，一大部分都是因为诸君要得到一个大成功的机会。但是这个机会，不过使诸君有求得高深学问的可能，至于实在成功的多少，还要看诸君努力的程度如何，能不能利用这极宝贵极难得的机会得到十足的地步。所以吾在祝贺之外，觉着应向诸君说几句劝勉的话。

　　诸君此去，在身心的各方面，一时都要受非常的刺激；就是衣食住，亦要改变常态。在这种急剧变化之中，最要紧的，是要守住了个人意志的平衡。因为诸君在美国，倘若穿洋服、吃洋饭不大合乎洋式，是不必太介意的。反而言之，倘若把学业荒废了，终日竟颠倒于新大陆中繁华奢靡的社会里，那便是万分的可惜！诸君以前的同学，曾有过这样的，诸君或不至这样做。然即不致如此之甚，倘不能将轻重缓急，看得十分亲切，照定远大地方努力去做，亦便是平庸一流。不但辜负了国人的资财、师友的期望，恐怕亦不是诸君想去的初衷。

　　至于诸君到美国求学的方法，当然与在国内是一样的，无须多说。吾只愿诸君在那里，无论研究哪种学问，考察哪种事业，都要保持着科学家的态度，然后才能得到真实的学问，才能对于美国的事物得到允当的了解。这科学的态度，吾以为应有以下几种成分：第一要不预存成见；第二要探究事实；第三要根据事实，推求真理；第四要对于真理忠诚信守。

诸君所去的美国，与我们的国家有许多不同的地方。美国的社会里面，有很好的，亦有很坏的；有吾们要极力取法的，亦有我们应极力避免的。在从事于研究选择的时候，就要抛弃主观的思想，务从实际上考察，才能得到一种确当的结论，然后带回国来施用，才能不发生危险。再说诸君在美的这几年，亦正是世界上经受巨大变化的时期，将来有许多组织或要改革，有许多学说或要变更。吾们生在这个时候，不能不受他们的影响，亦不能不将他们看清楚了，好做取舍的决定。这样我们应保持科学家的态度，不存先见，不存意气，安安静静的去研究，才是正当的办法，才可以免除将来冒险的试验、无谓的牺牲。

诸君当临别的时候，预备正忙。赠别的话，不宜太多，所以吾最后只要劝诸君在外国的时候，不要忘记祖国；在新奇的社会里面，不要忘掉自己；在求学遇着疑难问题的时候，务要保持科学的态度，研求真理。

1927 年

在 1932 届毕业典礼上的讲话

今天是本校举行大学部第四次的毕业典礼。本校成立于民国元年，可是那时办理的方针，和现在完全不同。那时的清华，是留美预备学校的性质，所以一切都是向着准备留学这个目标进行。这种办法，在当时的确是适合时代需要的办法。那时国内学校的程度，都还很差，毕业的学生，能够留学的很少，清华为适应这样需求，办理成留美预备学校的性质，这是很对的。但是后来国内的学校，逐渐地将程度提高，造就出来的学生，都可以直接出洋留学了。于是清华当初的那种办学方针，也逐渐失去了时代的重要性。终究于民国十四年夏季改办大学部了。改办大学部的目的，是想把清华改成一个自己能够造就专门的人才，研究高深的学术的独立机关。十四年夏季招收的第一班大学部学生，于十八年夏毕业。今天毕业的，是大学部第四班的学生。

现在国内的教育，因为受政治经济的影响，近年来所遭遇的困难艰阻都很大。本校幸而能够顺利进行，这是很难得的。去年东北问题发生之后，本校在课业方面，也曾略受影响，暂时停顿。幸赖师生协力维护，将寒假缩短，终于使学生的课业，得以照旧进行，今天还能够在这里举行毕业典礼。

今天毕业的学生共有一百一十余人。我们对于这班毕业的诸位，虽然怀着很大的希望，但也不敢就怎样的欣喜，而且还很为担心。因为诸位将来投身社会之后，是否能如我们的期望和诸位自己的抱负，成为社会上有用的人才，现在还不能确定。不过我们大家现在都要认清了这个目标——成为社会上有用人才——就本着这个目标，分别努力，以求其实现。

我们知道学校里的师长，原不过是学生的领导而已。各人将来的成就，是不能全靠在师长身上的。诸位的前程远大，不过这远大的前程，是要靠诸位自己的努力，才能达到的。诸位在校时，师长们已经给诸位引上了这条远大的前程的大道。我们相信，假如诸位能够照着这条大道，继续地向前迈进，将来无论如何，总可有相当的成就。现在就望诸位好好的努力前程。

1932 年

毕业生的职业指导

　　现届本校二十一周年纪念，《清华周刊》编辑诸君请我说几句话，我乃地位所在，不能推辞。关于学校过去历史的事实，大家都知道很多，不必在这时节多说。至于前途发展的方针，我已屡次与校内师长同学们谈过，所以亦不必重提。再有一事拟就这机会简略提出的，即是我们常认为课外事业而实在是应看作学校工作重要的一部分的，就是职业指导和职业介绍。学校造就人才是为求实用。假若学生没有用途，学校的教育全归枉费，是极大的损失。学生受过相当训练，而不能展用他的才能，生活上受影响，精神上受损伤，是一件极悲惨的事。有人说"大学生失业的众多，即是革命的伏机"，不是没有相当道理的。所以学校今后对于这项工作的进行，想特别注意。还有一事拟藉这机会一谈的，即学校与毕业同学的联络，每年在纪念日的时候，我们都注重毕业生回校的事。今年因为困难的关系，我们纪念的仪式很简单，但是对于毕业生回校的事，还是照常预备，使毕业同学与学校至少每年有这一次接近的机会。国立学校的学生，在学校时，依赖学校辅助的地方特别多，差不多一举一动，都要请学校津贴。在校四年可以说是享受权利的时候，出校以后，若是将学校抛弃脑后，不加爱护，可以说是不尽义务。清华同学向来是对母校有热心的，但是具体的表示，还是不多。希望毕业同学在

实际上——经济上，意见上，或其他方面，对于母校多尽爱护扶助的
责任。

1932 年

在 1933 年度秋季开学典礼上的讲话

今天是本校又一新学年的第一天，新旧师生得以集会一堂，这大概是数月前所未想到的。当外患紧急，北平附近势将发生变化的时候，无论当日身临其境，或远在外地者，恐都未想到本校今天还能照旧向前进；师生还能继续课业。现在我们既然仍得到这求学机会，就应善为利用，特别努力去工作。

今年新同学又增加了二百余人，这是很可欣喜的事。一二星期前本校旧同学为欢迎新同学，要出一种刊物，请吾在上面写几句，吾因为事忙，未得写出来，今天趁这机会，特先向新同学说几句话。不过今天所要说的话，与去年的今日所说的大致相同；因为吾们所期望于新同学的，所要劝勉鼓励他们的，人虽不同，意思都是一样的。

新同学入校后，即为本校一分子，当然就希望学校好，事事都向顺利方面走。那么新旧同学都一样的负有维护它的责任。因为如要学校好，也一方面要看同学们行动如何；因为每个人的行动，关系学校极大，希望大家遵守秩序，保持良好校风，这是要新同学多多注意的。当然旧同学又负了一部分领导的责任，更要注意。

近来外间对本校常有批评，说是环境太舒适，这恐也是事实。因见有些同学在校四年，毕业后，仍不愿他适，甚或有了事，因为事情太小，或居处不方便，而不愿去就。吾们负教导责任的，听了十分惭愧。虽说本校设备上及卫生方面，或许比较讲究一点，但是吾们的本意，不过为使诸君能藉此增进健康，减少疾病。这是我们所希望的。如以为环境舒适在此享受，将来到社会上便不能吃苦，不愿吃苦，则非所望于诸君的。诸君新到校的，特别要认清这一点。

再外间有人说本校"洋气太重"，不知这话究何所指？如仅以洋服洋餐而论，恐未见比校外为重，而且无论多少，吾以为皆无关宏旨。但如吾们认为外国人大都能勤苦耐劳，办事认真，公私清楚，不因循，不敷衍，不拖泥带水。我们如果有这点洋气，那么我们不必惭愧，并且要时刻保持的。

诸君到校后，无论入哪一系，习哪一科，经教授指导途径后，真实的功夫，要自己努力去做。而在自己一方面，尤其是思想上，要具有自动的力量，要用自己脑筋去判别索求。不然教授虽热心灌输，恐亦不能灌入。况且现在吾们耳目所接触的各种学说、各种理论不知多少，在学术的立场上，或都有研究的价值，学者思想尤贵自由，但是青年意志容易浮动，最应在起始时注意，不可操切，不可盲从。总要平心静气去研求，才能真得益处。

还有一点此时要稍为说明的：闻一年级新同学愿学理工者占大多数。自一方面看来，自是很好的现象。这大概是因为社会方面近来注重理工之故。理工为实用科学，固宜重视，但同时文法课程，亦不宜过于偏废。就本校说，最初办理较有成绩的理科之外，文法数科亦并不弱。现在本校工院初创，理工方面固应亟谋发展，但于文法各系也要使它有相当的进展。这一点外人不免忽视。本年一年级新生并不分院系（工院除外），大家在初入校时，可不必即决定入何系，最好在此一年之内细细体察自己志趣所在，性之所近，究习何科较为适当，然后再决定选习，方无匆率勉强之弊。

今天行开学礼，同时为表示欢迎新聘的及休假出国返校的教师，诸位中还有尚未到校的，已经来校今天在座者，稍迟再为诸同学介绍。现在想把关于本校经济方面及新发生的事业，向诸位同人同学做简略的报告：

一、本校经济状况：今年庚款停付的提议，未成事实。不过现在尚未能按月拨付，去年由三月起至本年二月停付一年。现在本年三四五月庚款已陆续领到，六月份的尚未拨付，大约不日可以拨到。至七八月拖欠的，现本校正与中基会设法催财部补齐。将来经济状况逐渐恢复后，则本校事业可以按序进行。

二、增加留美学额：政府及教育部当局前以金价高涨，公家及私人不能多供给学生出洋，很希望有几个学术机关量力选派。本校奉命增加留美学额，选送实用人才，以应国需。但此亦甚影响于本校将来经济状况，因嗣后庚款之余款，应拨归基金。现在余款另有用途，则拨存基金之数减少。惟政府的期望与社会的要求，既如此之切，本校又不好不设法应付，所以暂定考选办法以三年为限。此次考试，已于八月举行，结果尚未揭晓，因有阅卷人前赴四川科学社年会未回，尚须稍待。考选名额定为二十五人，对于成绩经验，特别注重，应抱宁缺毋滥之旨。

三、扩增农科：自从今春农村复兴委员会开会之后，政府对于改良农业，救济农村经济，特别注意。今夏教育部令本校筹办农学院，当时奉令之下，很为踌躇。因为农科大学毕业生之无补于农村改进，几乎是国人公认的事实，况且在清华附近，又已有北平的农学院，及保定的农学院。所以吾们认定了农学院设系招生的事，是可以缓办的。但是政府既要吾们在这方面去帮忙解决，吾们就应该向有切实效用方面审慎去做，然后对于国家方可有点贡献。故现在先办农事试验场，聘请专家研究关于农科之各项重要问题，俟研究得有结果，再行设法推行，使农民得以利用。至于为推行事业，是否需要农科大学毕业人才，尚须将来再定，目前只待政府拨给地方，即可使农场开办。

1933 年

形势与秩序问题

——在 1934 年度开学典礼上的讲话

今天是本校又一学年开始的一天，各师长、各新旧同学中有向未晤面者，可借今日集会互相会晤。所以今日的集会，是很有意义的集会，一方面欢迎休假回国及新聘各位教师来校，同时欢迎新入校的同学来和我们共同做学业的工作。

今年收录新生人数较往年为多，是可幸慰的事。近数年来校内设备及师资方面，有可以多给有志向学的青年以求学机会，所以尽量容纳。人数增加，固可增进教学效率，但是有时因人数太多，或反使效率减少，这便是我们不能无限的多招新生的原因。各地同学负笈远来，自属可嘉，但一个学校之发展，并不能以人数之多寡为比较，要各个人明白各人应尽的职务，去努力做其应做的工作，则个人前途及学校前途才有希望。

三年前的明天，要算我国最严重一个国难开始的一天，从前常常虑到我们的工作，或要受外界影响，不能安静的度过，现幸尚能照常。虽然华北的危机，是随时可以触发的，但是我们仍然要不畏首畏尾的领导大家去努力工作，要冷静耐心的干。

今秋赴南一行，南中人每嫌华北一带气象消沉，对于国难未有深切表示，这或也是事实，但所谓表示，自不在大声疾呼去做宣传一类的工作，宣传在今日，已不能见其效力，我们所注意的是持久的、树立根基的工作。做这种工作，自然不要求速效，不要慕虚名，所以吾常劝大家在现在情势之下，要咬着牙，屏着息去工作，因为张口空话乱嚷，于实事无一些益处。

再有一点希望大家注意者，现在新旧同学已达千人以上，在团体生活中，秩序问题最关重要。大学生已具有自治能力，倘各人知道约束自己，自无特定管理规条之必要。团体中最重要的是法律道德，要顾全公众利益，不但自己要照顾自己，还要处处为别人着想。因为一己的行动，处处足以影响到他人的，团体秩序，是要大家特别尊重才好。

1934 年

在总理纪念周上的讲话

今天所要谈的，没有什么学术上有价值之贡献，只不过个人一点经验，十几年来服务社会所得到的两个教训，在诸同学正在预备自己的时候，报告给诸位，聊供印证参考。

吾人早有一共同感想：以我国幅员之广，人口之多，国人智力亦颇不弱，而国势何以如此衰颓？吾辈在学校时，认为须吾辈毕业后以专门知识改造中国现状，留学者更抱负非凡，然毕业者归国者现已不少，何以中国犹未改造？其症结何在？愚归国十二年余，曾在学校及行政机关服务，与军界、商人，甚至土匪流氓，亦多有接触。由过去服务经验，得两教训：

（一）知人与合作。无论在政界、学界、社会救济事业中，均常感到事事缺人——所谓中国人多仅在数目，而处处缺乏适当人才。故现最急需者即"知人"：知人之能力，知人才之来源。但有时已有人才，而不能合作。考究其原因，据愚服务各种事业之经验及多年观察所得，不外"私""伪"二者——此为缺人及不合作病象之两大原因！所谓私，即只为个人利益着想，忽略"事"及团体利益。政治上、社会上许多问题胥由于"私"。例不胜举，诸君谅能体会。关于"伪"，可举一事：民十九愚赴陕救灾，见华山麓下数十里平原皆植罂粟，而当地政府始终声称禁烟。此表面与事实不符，即是"伪"。此为极大病根。如国家只重表面虚言而略实际，当然造成各种事业不进步、国家危弱之结果。

（二）认"事"与达观。近年人才较夥，亦间能合作，但仍无补于国事者何故？即因国人不注意事实本身及事理，专问言由谁发，计由孰出？有人因"私"而忌妒，而颠倒是非，遂阻"事"之进行。现社会最缺乏者为是非标准，如对热河失守，言论尤有分歧，其例是已。一般评论漫无标准，人乃各由己意。私见益深，国事益劣。今后吾人对事，应深深考察，追求究竟，以确立是非标准。切勿一闻恶评，辄灰心或取容易方法与社会同化。应只认"事"理，只为"事"努力，不能顾一般毁誉。是非虽无标准，但浸久自渐确立。

希望诸同学，现在即开始准备：（一）认识人，注意各种专门人才，并如何使大家合作，养成因公忘私精神；（二）认"事"（此点在学校练习为最好机会），对任何理论时事，皆求认识分析事之本身，就事实来下评论。再培植个人志向，同时注意磨炼自己，使有不屈不挠毅力。

1934 年

体育之重要

今天请体育部主任马约翰先生讲述体育问题。体育至关重要，人所尽知，特别在我国目前的国势之下，外患紧迫之时，体育尤应人人去讲求。身体健强，才能担当艰巨工作，否则任何事业都谈不到。今天马先生所欲讲者，一方面要大家明了校内体育设施状况，同时要大家知道体育在今日之重要。从前教育注重智育、德育、体育三者，后又并重群育，希望养成服务社会、团体合作的精神。青年对于学问研究、精神修养各方面，均须有人领导提倡，而体育主旨，不在练成粗腕壮腿，重在团体道德的培养。我国古重六艺，其中射、御二者，即习劳作，练体气，修养进德。后人讲究明心见性，对劳动上不甚留意，是以国势浸弱。吾们在今日提倡体育，不仅在操练个人的身体，更要藉此养成团体合作的精神。吾们要藉团体运动的机会，去练习舍己从人，因公忘私的习惯。故运动比赛，其目的不在能任选手，取胜争荣；在能各尽其可尽的能力，使本队精神有有效的表现，胜固大佳，败亦无愧。倘遇比赛，事先觉得无取胜可能，遂避不参加，忘其为团体中应尽的任务，是为根本错误。

1934 年

致新来校的诸同学

　　诸君今日新来清华的，大多数是初次投进大学。诸君所来的地方，从东北到西南，差不多各省都有；所毕业的中学，总在七八十之数。诸君各地的习俗不同，方言不同，以前所受的训练亦有差异。但是诸君欲入大学的目的，应该完全相同。因为大学是一个研究高深学术、造就人才的地方，那么诸君来此的目的，当然是为研究学问，将来能为国家社会做些事业。这个目的，诸君在起首时，要认清楚，以后几年之内，亦要确切记住，然后各自依这目的，努力去做。学校以它所有的设备，供诸君利用；以它所请来的教师，作诸君的指导，无非为使诸君达到这个目的，但是成功的多少，大部分要以诸君自家努力的大小为定。

　　清华在国内大学中，是被认为比较完善的。外人评论之点，有谓地势优良的，有谓建筑宏大的，有谓图书设备充足的，还有谓经费宽裕的，实则就以上各点论，尽有别大学胜过清华的。尤其是经费一层，若就我们所举办的事业作比例，要有好几个国立大学，是短过清华的。但是吾们所最注意的，同时亦愿诸君认为是更宝贵的，就是领导诸君工作的师资。诸君来此，如果为择一个舒适的地方，那不是我们收录诸君的本意。诸君如愿利用这里比较完备的图书仪器，吾们必在可能范围尽量供给。但是诸君在工作指导上，即在人格熏陶上，所最需要的是师资。在现在学校大规模的收纳学生，组织上或者有机械式的现象。这是因为人多，不能避免的。但是教育上的紧要途径，还是在师生的关系。古人谓"教学相长"，现在的教育事业，仍应看作师生共同工作，期达一个共同的目的。但是来求学的人，是要格外多努力，要注重在这个求学。

清华有时受外人的批评，说学生不能吃苦，这一点吾们要尽力去矫正。学校里的建筑整齐些，设备完全些，这不过为使大家工作的便利，食住的方便；为使大家身心同得充量的发育，并不是求大家供应上特别的讲究，特别的舒适。在诸君初入校的时候，更要认清这一点，那么学校在物质上亦还有不周备的地方，不要希望太奢，更不要注重在个人的享受方面。

诸君入大学之日，正是国难加紧的时期，尤其在北方，处在大家认为更紧迫的局势之下，诸君仍肯来学，可见诸君认识国难不是可以避免的，是要为人坚忍的努力去解决的。现在政府当局忍辱负重的去应付，吾们在学校里的，应该各就所能，各尽其责，为国家做一点贡献。但是我们所处的局势既如此，吾们更要埋首去工作。大家对于个人的团体的言语行动，都要特别注意。古人说"危行言逊"，现在要适应国难的情势之下，望诸君三复之。

1935 年

工业化的前途与人才问题

工业化是建国大计中一个最大的节目，近年以来，对国家前途有正确认识的人士，一向作此主张，不过认识与主张是一回事，推动与实行又是一回事。工业化的问题，真是千头万绪，决非立谈之间可以解决。约而言之，这期间至少也有三四个大问题，一是资源的问题，二是资本的问题，三是人才的问题，而人才问题又可以分为两方面，一是组织人才，一是技术人才。近代西洋从事于工业建设的人告诉我们，只靠技术人才，是不足以成事的，组织人才的重要至少不在技术人才之下。中国号称地大物博，但实际上工业的资源，并不见得丰富。所以这方面的问题，就并不简单。而在民穷财尽的今日，资本也谈何容易？不过以一个多年从事于教育事业的人，所能感觉到的，终认为最深切的一些问题，还是在人才的供应一方面。

我认为人才问题，有两个部分，一是关于技术的，一是关于组织的。这两部分都不是急切可以解决的。研究民族品性的人对我们说：以前中国的民族文化因为看不起技术，把一切从事技术的人当作"工"，把一切机巧之事当作"小道"，看作"坏人心术"，所以技术的能力，在民族的禀赋之中，已经遭受过大量的淘汰，如今要重新恢复过来，至少恢复到秦汉以前固有的状态，怕是绝不容易。组织的能力也是民族禀赋的一部分，有则可容训练，无则一时也训练不来；而此种能力，也因为多年淘汰的关系，特别是家族主义一类文化的势力所引起的淘汰作用，如今在民族禀赋里也见得异常疲弱；一种天然的疲弱，短期内也是没有方法教他转变为健旺的。这一类的观察也许是错误的，或不准确的。但无论错误与否，准确与否，我以为他们有一种很大的效用，就是刺激我们，让我们从根本做起，一洗以前头痛医头脚痛医脚的弊病。所谓从根本做起，就是从改正制度转移风气着手。此种转移与改正的努力，小之可将剩余的技术与组织能力，无论多少，充分地选择、训练，而发挥出来；大之可以因文化价值的重新确定，使凡属有技术能力与组织能力的人，在社会上抬头，得到社会的拥护和推崇，从而在数量上有不断的增加扩展。

改正制度转移风气最有效的一条路是教育。在以前，在国家的教育制度里，选才政策里，文献的累积里，工是一种不入流的东西，惟其不入流品，所以工的地位才江河日下。如今如果我们在这几个可以总称为教育的方面，由国家确定合理的方针，切实而按部就班的做去，则从此以后，根据"君子之德风，小人之德草，草上之风必偃"的颠扑不破的原则，工的事业与从事此种事业的人，便不难力争上游，而为建国大计中重要方面与重要流品的一种。这种教育方针前途固然缺少不得，却也不宜过于狭窄，上文所云合理两个字，我以为至少牵涉到三个方面：一是关于基本科学的，二是关于工业技术的，三是关于工业组织的；三者虽同与工业化的政策有密切关系，却应分作三种不同而互相联系的训练，以造成三种不同而可以彼此合作的人才。抗战前后10余年来，国家对于工业的提倡与工业人才的培植，已经尽了很大的努力，但我以为还不够，还不够合理；这三种训练与人才之中，我们似乎仅仅注意到了第二种，即技术的训练，与专家的养成。西洋工业文明之有今日，是理工并重的，甚至于理论的注意要在技术之上，甚至于可以说，技术的成就是从理论的成熟之中不期然而然地产生出来的。真正着重技术，着重自然科学对于国计民生的用途，在西洋实在是比较后起的事。建国是百年的大计，工业建国的效果当然也不是一蹴而就。如果我们在工业文明上也准备取得一种独立自主的性格，不甘于永远拾人牙慧，则工程上基本的训练，即自然科学的训练，即大学理学院的充实，至少不应在其他部分之后，这一层就目前的趋势说，我们尚未多加注意。这就是不够合理的一层，不过，这一层我们目下除提到一笔而外，姑且不谈，我们可以认为它是工业化问题中比较更广泛而更基本的一部分，值得另题讨论。本文所特别留意的，还是技术人才与组织人才的供应问题。

为了适应今日大量技术人才的需要，我认为应当设专科学校或高级工业学校和艺徒学校。高级的技术人才由前者供给，低级的由后者供给，而不应广泛而勉强的设立许多大学工学院或令大学勉强的多收工科学生。大学工学院在造就高级工业人才与推进工程问题研究方面，有其更大的使命，不应使其只顾大量的出产，而将品质降低，而且使其更重要的任务，无力担负。我们在工业化程序中所需的大量的技术人员，大学工学院实无法供给，亦不应尽要他们供给。德国工业文明的发达，原因虽然不止一端，其高级工业学校的质量之超越寻常，显然是一大因素。此种学校是专为训练技术而设的，自应力求切实，于手脑并用之中，要求手的运用娴熟。要做到这一点，切忌的是好高骛远，不着边际。所谓不好高骛远，指的是两方面，一是在理智的方面，要避免空泛的理论，空泛到一个与实际技术不相干的程度；二在心理与社会的方面，要使学生始终甘心于用手，要避免西洋人所谓的"白领"的心理，要不让学生于卒业之后，亟于成为一个自高身价的"工程师"，只想指挥人做工，而自己不动手。我不妨举两个实例，证实这两种好高骛远的心理在目前是相当流行的。此种心理一天不去，则技术人才便一天无法增加，增加了也无法运用，而整个工业化计划是徒托空言。

我前者接见到一个青年，他在初中毕业以后，考进了东南的某一个工程专科学校，修业 5 年以后，算是毕业了。我看他的成绩单，发现在第三年的课程里，便有微积分，微分方程，应用力学一类的科目；到了第五年，差不多大学工学院里普通所开列的关于他所学习的一系列的专门课程都学完了，而且他说，所用的课本也都是大学工学院的课本。课本缺乏，为专科学校写的课本更缺乏，固然是一个事实，但这个青年果真都学完了么？学好了么？我怕不然，他的学力是一个问题，教师的教授能力与方法也未始不是一个问题。五年的光阴，特别是后三年，他大概是囫囵吞枣似的过去的。至于实际的技能，他大概始终在一个半生不熟的状态之中，如果他真想在工业方面努力，还得从头学起。这是关于理论方面好高骛远的例子。

在抗战期间的后方，某一个学校里新添了几间房子，电灯还没有装，因为一时有急用，需要临时装设三五盏。当时找不到工匠，管理学校水电工程的技师也不在，于是就不得不乞助于对于电工有过专门训练的两三位助教。不图这几位助教，虽没有读过旧书，却也懂得"德成而上，艺成而下"与"大德不官，大道不器"的道理，一个个都不肯动手，后来还是一位教授与一位院长亲自动手装设的。这些助教就是目前大学理工学院出身的，他们是工程师，是研究专家，工程师与研究专家有他的尊严，又如何以做匠人的勾当呢？这是在社会心理上好高骛远的例子。

关于艺徒学校的设立，问题比较简单。这种学校，最好由工厂设立，或设在工厂附近，与工厂取得合作。初级的工业学校，也应当如此办理。不过有两点应当注意的：一要大大增添此种学校的数量，二要修正此种学校教育的目标。目前工厂附设艺徒班，全都是只为本厂员工的招注设想，这是不够的。艺徒班所训练的是一些基本的技术，将来到处有用，我们应当把这种训练认为是国家工业化教育政策的一个或一部分，教他更趋于切实、周密；因而取得更大的教育与文化的意义，否则岂不是和手工业制度下的徒弟教育没有分别，甚至于从一般的生活方面说，还赶不上徒弟教育呢？艺徒学校的办理比较简单，其间还有一个原因，就是加入的青年大都为农工子弟，他们对生活环境的艰苦奋斗已成习惯，可以不至于养成上文所说的那种好高骛远的心理。对于这一点，我们从事工业教育的人还得随时留意，因为瞧不起用手的风气目前还是非常流行，它是很容易渗透到工农子弟的脑筋上去的。

大学工学院的设置，我认为应当和工业组织人才的训练最有关系。理论上应当如此，近年来事实的演变更教我们不能不如此想。上文不是引过一个工学院毕业的助教不屑于动手装电灯的例子么？这种不屑的心理固然不对，固然表示近年来的工业教育在这方面还没有充分的成功，前途尚须努力。不过大学教育毕竟与其他程度的学校教育不同，它的最大的目的原在培植通才；文、理、法、工、农等等学院所要培植的是这几个方面的通才，甚至于两个方面以上的综合的通才。它的最大的效用，确乎是不在养成一批一批限于一种专门学术的专家或高等匠人。工学院毕业的人才，对于此一工程与彼一工程之间，对于工的理论与工的技术之间，对于物的道理与人的道理之间，都应当充分了解，虽不能游刃有余，最少在这种错综复杂的情境之中，可以有最低限度的周旋的能力。惟有这种分子才能有组织工业的力量，才能成为国家目前最迫切需要的工业建设的领袖，而除了大学工学院以外，更没有别的教育机关可以准备供给这一类的人才。

因此我认为目前的大学工学院的课程大有修改的必要。就目前的课程而论，工学院所能造就的人才还够不上真正的工程师，无论组织工业的领袖人才了。其后来终于成为良好的工程师和组织人才的少数例子，饮水思源，应该感谢的不是工学院的教育，而是他的浑厚的禀赋与此种禀赋的足以充分利用社会的学校或经验的学校所供给他的一切。就大多数的毕业生而言，事实上和西洋比较良好的高级工业学校的毕业生没有多大分别，而在专门训练的周密上，不良态度的修正（如不屑于用劳力的态度）上，怕还不如。

要造就通才，大学工学院必须添设有关通识的课程，而减少专攻技术的课程。工业的建设靠技术，靠机器，不过他并不单靠这些。没有财力，没有原料，机器是徒然的，因此他至少对于经济地理、经济地质，以至于一般的经济科学要有充分的认识。没有人力，或人事上得不到适当的配备与协调，无论多少匹马力的机器依然不会转动，或转动了可以停顿。因此，真正工业的组织人才，对于心理学、社会学、伦理学，以至于一切的人文科学、文化背景，都应该有充分的了解。说也奇怪，严格的自然科学的认识倒是比较次要；这和工业理论的关系虽大，和工业组织的关系却并不密切。人事的重要，在西洋已经深深地感觉到，所以一面有工业心理的工商管理一类科学的设置，一面更有"人事工程"（Human Engineering）一类名词的传诵。其在中国，我认为前途更有充分认识与训练的必要，因为人事的复杂，人与人之间的易于发生摩擦，难期合作，是一向出名的。总之，一种目的在养成组织人才的工业教育，于工学本身与工学所需要的自然科学而外，应该旁及一大部分的人文科学与社会科学，旁及得愈多，使受教的人愈博洽，则前途他在物力与人力的组织上，所遭遇的困难愈少。我在此也不妨举一两个我所知的实例。

我以前在美国工科大学读书的时候，认识一位同班的朋友，他加入工科大学之前，曾经先进文科大学，并且毕了业；因为他在文科大学所选习的自然科学学程比较的多，所以进入工科大学以后，得插入三年级，不久也就随班毕业了。就他所习的工科学程而言，他并不比他同班的多，甚至于比他们要少，但其他方面的知识与见解，他却比谁都要多，他对于历史、社会、经济，乃至于心理学等各门学问，都有些基本的了解。结果，毕业后不到10年，别的同班还在当各级的技师和工程师，他却已经做到美国一个最大电业公司的分厂主任，成为电工业界的一个领袖了。

这是就正面说的例子，再就反面说一个。在抗战期间，后方的工业日趋发展，在发展的过程里，我们所遭遇的困难自然不一而足，其中最棘手的一个是人事的不易调整与员工的不易相安。有好几位在工厂界负责的人对我说，目前大学工学院的毕业生在工厂中服务的一天多似一天，但可惜我们无法尽量地运用他们；这些毕业生的训练，大体上都不错，他们会画图打样，会装卸机器，也会运用机巧的能力，来应付一些临时发生的技术上的困难；但他们的毛病在不大了解别人，容易和别人发生龃龉，不能和别人合作，因此，进厂不久，便至不能相安，不能不别寻出路。不过在别的出路里他们不能持久，迟早又会去而之他。有一位负责人甚至于提议：可否让学生在工科学程卒业之后，再留校一年，专攻些心理学、社会学一类的课程。姑不论目前一样注重专门的心理学与社会学能不能满足这位负责人的希望，至少他这种见解与提议是一些经验之谈，而值得我们予以郑重的考虑的。

值得郑重考虑的固然还不止这一点，不过怎样才可以使工科教育于适度的技术化之外，要取得充分的社会化与人文化，我认为是工业化问题中最核心的一个问题；核心问题得不到解决，则其他边缘的问题虽得到一时的解决，于工业建设前途，依然不会有多大的补益。这问题需要国内从事教育与工业的人从长商议（如修业年限问题，如课程编制问题……皆是很重要而须审慎研究的），我在本文有限的篇幅里，只能提出一个简单的轮廓罢了。

至于工科大学的教育，虽如是其关系重要，在绝对的人数上，则应比高初级工业学校毕业的技术人才只估少数，是不待赘言的。工业人才，和其他人才一样，好比一座金字塔，越向上越不能太多，越向下便越多越好。因此，我以为大学工学院不宜无限制的添设，无限制的扩展，重要的还是在质的方面加以充实。而所谓质：一方面指学生的原料必须良好，其才力仅仅足以发展为专门技工的青年当然不在其内；一方面指课程的修正与学风的改变，务使所拔选的为有眼光与有见识的青年。所以进行之际，应该重通达而不重专精，期渐进而不期速效。目前我们的工业组织人才当然是不够，前途添设扩充工科大学或大学工科学院的必要自属显然；不过无论添设与扩充，我们总须以造就工业通才的原则与方法为旨归。出洋深造，在最近的几十年间，当然也是一条途径，不过我以为出洋的主要目的，不宜为造就上文所说的三种人才中的第二种，即狭义的技术人才，而宜乎是第一种与第三种，即基本科学人才与工业组织人才。第一种属于纯粹的理科，目前也姑且不提；就工业而言工业，还是组织人才比较更能够利用外国经验的长处。不过我们还应有进一步的限制。一个青年想出国专习工业管理，宜若可以放行了。不然，我们先要看他在工业界，是否已有相当的经验，甚于在某一种专业方面，是否已有相当的成就，然后再定他的行止；要知专习一两门工业管理课程，而有很好的成绩，并不保证他成为一个工业组织人才。

最后，我们要做到上文所讨论的种种，我必然再提出一句话，作为本文的结束。学以致用，不错；不过同样一个用字，我们可以有好几个看法，而这几个看法应当并存，更应当均衡的顾到。任何学问有三种用途，一是理论之用，二是技术之用，三是组织之用。没有理论，则技术之为用不深；没有组织，则技术之为用不广。政治就是如此，政治学与政治思想属于理论，吏治属于技术，而政术或治道则属于组织；三者都不能或缺。工的学术又何尝不如此。近年来国内工业化运动的趋势，似乎过去侧重技术之用，而忽略了理论之用和组织之用，流弊所及，一时代以内工业人才的偏枯是小事，百年的建国大业受到不健全的影响却是大事，这便是本篇所由写成的动机了。

1943 年

第三章

清华之为清华

清华学校的教育方针

　　清华学校自民国前一年开办以来，至民国十四年夏间，系专为预备学生留美而设，至是年秋，始设大学部，其教育方针为之一变。在专办预备留美时期，校内之问题简单，学程要以使学生程度适合于美国大学制度为准。今该部学生尚有两班，不久将行结束。大学部开办于今，二年有半，事属初创，计划多未周备，然将来尽全校之力以谋发展，则数年之后，或将有所贡献于社会。兹将清华设立大学部之方针，约略述之，以为关心清华者鉴察焉。

　　清华大学之教育方针：清华大学之教育方针，概括言之，可谓为造就专门人才，以供社会建设之用。此目的约无以异于其他大学。但各校因处境之不同，或主张有别，则其所取途径亦自各异。清华之设大学，其一切计划，亦以应时代与环境之需要，以求达此目的而已。

　　学系之设立：就社会之需要言，各科人才，当皆为重要，但各系有为他校所已办，而成绩优良无须更设者；有因科门之性质不宜设立于清华者；亦有因一时设备难周须逐渐开办者，故本校现定有十系之专修学程。此十系计为国文学系、西文学系、历史学系、政治学系、经济学系、物理学系、化学系、生物学系、教育心理学系、工程学系。十系之属于普通所谓文理科者，为前列之八系；其属于职工专修者，则有教育与工程二系。盖其他各系暂时未能设立之原因，不外以上所述之一，然商业系附于经济系，心理则与教育合组，至农业之不设专修学程者，因近查农业大学及专门学校之毕业生，多不适于改良农事之工作，使供与求不能洽合，故农系暂不设专修学程而致力于农业问题之研究。今年夏间与中华平民教育促进会商定加入定县华北农业科学试验场之工作，近且于邻近一二校，商量合办农业简易科，庶将来学生于毕业时，能各归乡里，实做改良农田之事业，此皆变更常规之处，求所以应社会之需要也。

工程系学科之组织，亦有与外间不同者。盖今日社会上所需要之工程人才，不贵乎专技之长，而以普通基本的工程训练为最有用。是以本校设立工程系之始，即以此为原则。凡工程学之基本知识，或属于机械，或关乎电理，或为土木建筑之要义，使学生皆得有确切的了解，及运用之能力，俾将来在社会遇凡关工程问题，皆能有相当的应付；且工程事业往往一事关系数门，非简单属于某一门者，在今日中国之工商界中，能邀致数专家以经业一事者甚少，大多数则只聘一工程师而望其无所不能。斯故本校之工程学程中，认普通之基本训练较若干繁细之专门研究为重要也。

学程之规定：清华大学学程为期四年，其第一年专用于文字工具之预备及自然科学与社会科学之普通训练，其目的在使学生勿囿于一途，而得旁涉他门，以见知识之为物，原系综合联贯的，吾人虽强为划分，然其在理想上相关联相辅助之处，凡曾受大学教育者不可不知也。学生自第二年以后，得选定专修学系以从事于专门之研究，然各系规定课程，多不取严格的限制，在每专系必修课程之外，多予学生时间，使与教授商酌，得因其性之所近，业之所涉，以旁习他系之科目。盖求学固贵乎专精，然而狭隘之弊与宽泛同，故不可不防。

毕业考试：专修学程四年修毕矣，所得学分足数矣，然而学生对于其所专修之学科是否已有系统的了解，贯彻的领悟，而能用其所学以应社会之需要，是不可不预为之测验。故各系学生于毕业之前，须受该系之毕业考试，考试及格，方为毕业，不然，虽已得限定之学分，只能认为已修毕某某课程若干门，而于某系之专门学识，非实有所得也。此法在英国及欧陆各国，行之已久；美国大学，近七八年来，渐多采用，以补救选课制之弊。中国行此制者尚少，在清华试行之初，办法与范围，尚须详慎拟定。总之，其目的非欲使其考者多经此一番烦恼，实欲藉师生之合作，以达此目标，庶知诸生所学较有把握耳。

体育：清华大学学程中尚有重要之一部，是为体育。凡在校诸生，每学期皆为必修，学分固不算在学分总数之内，然非体育及格者，不得与毕业考试。盖清华自近七八年以来，已舍其选手锦标之目的，而注意于各个学生之健康。观一二球队比赛之胜负，因无以知一般学生体育之如何，故必使在校各个学生，皆得受相当之训练，使其体力增长，能应将来做事之需要，而毋为心知之累，斯为体育之真目的，斯为在校学生人人必须注意之工作。至于选手比赛，所以使队员练习团体的合作守法的习惯，亦自有其价值在，然校际竞赛，往往过注意于结果之胜负，而忽视此竞赛之重要意义，乃使参加者与旁观者所受之训练，竟害多而利少，故今日学校体育之大目的，当在彼不在此也。

此外，如大学院之设立，及留美公开考试之举行，皆为清华大学发展之重要部分，将来当量度情形，逐渐进行。至详细规划，尚有待于当局之审定，兹篇不多及也。

1927 年

清华发展计划

这个题目，范围有点太大，似乎不晓得从何说起；但各系既已分别另行介绍，故此处只就大纲（《清华学校组织大纲》）上最要言之，有下列数点：

（1）清华发展的根本问题须看财政情形如何以为定。年来财政拮据，第二批美国赔款，清华既毫无所得，而每年经常费不过五六十万。以此经费而维持现状，固绰绰有余；以言发展，便感到相当困难。董事会问题也和清华根本发展上有关，闻现在外部当局，正准备改组，此一层不久或可办到。

（2）清华行政各部分现已发展到相当地步，将来可不再扩充；现在要竭力发展的就是教学部分——多聘好教员，增加教学设备，此为将来发展的主要点。

（3）现在大学有专修科目的共十一系，在短期间内应逐渐设立的当为哲学与数学等系。

（4）关于研究院发展计划，在大学院未成立以前办法约无大变更；大学院成立之后，则斟酌情形，添设别科门。此时尚难预定。

（5）建筑方面，最近要即行建筑者为生物学馆，其次为工程系实验室，图书馆因近来书籍骤增，不敷应用，也须扩充。

（6）学生人数方面，近因宿舍不够，所以不能多招，将来宿舍扩充，学生人数亦可逐渐增加，至全校一千多人时为止。

（7）现在留美预备部学生三班毕业以后，关于留美学额一层取公开考试办法，早经学校宣布，将来举行时，大约还须另有组织。

1927 年

附：清华学校组织大纲

第一章　学制总则

第一条　本校设立大学部及留美预备部。

第二条　凡留美预备部学生毕业后一律资送赴美留学，该部至民国十八年停办。

第三条　大学部分本科及大学院（大学院未成立前暂设研究院）。

第四条　本校学程以学系为单位。

第五条　大学部本科修业期至少四年，学生毕业后给学士学位。

第六条　大学院未成立之前暂设研究院，先办国学一门，以后斟酌情形逐渐添办他门，至民国十九年大学院成立后研究院即行停办。

第二章　校　长

第七条　本校校长统辖全校事务。

第三章　评议会

第八条　本校设评议会，以校长、教务长及教授会互选之评议员七人组织之，校长为当然主席。

第九条　评议会之职权如下：

一、规定全校教育方针；

二、议决各学系之设立、废止及变更；

三、议决校内各机关之设立、废止及变更；

四、制定校内各种规则；

五、委任下列各种常任委员会：

　　　甲、财务委员会

　　　乙、训育委员会

　　　丙、出版委员会

　　　丁、建筑委员会

六、审定预算决算；

七、授予学位；

八、议决教授、讲师与行政部各主任之任免；

九、议决其他重要条件。

第十条　评议员之任期一年，于每年五月改选。

第十一条　评议会之细则另定之。

附注一：关于第九条第一第二第三第六各项之事件，评议会之议决经教授会三分之二之否认时应交评议会议。

第四章　教授会

第十二条　本校设教授会，以全体教授及行政部各主任组织之，由校长为主席，教务长为副主席。

第十三条　教授会之职权如下：

一、选举评议员及教务长；

二、审定全校课程；

三、议决向评议会建议事件；

四、议决其他教务上公共事项。

第十四条　教授会之细则另定之。

第五章　教务长

第十五条　本校设教务长一人（名誉职），综理全校教务，由教授会选举之，任期二年，于五月改选。

第十六条　教务长之职权如下：

一、召集各系主任会议办理下列事项：

　　甲、编制全校课程

　　乙、考核学生成绩

　　丙、主持招考及毕业事项

　　丁、汇审各系预算

二、施行学生训育；

三、指导学生事业。

第六章　学系及学系主任

第十七条　本校得依课程之性质设立若干学系。

第十八条　学系以本系教授、讲师、教员组织之。

第十九条　学系主任（名誉职）由该系教授、教员于教授中推举之，任期二年，于五月改选。

第二十条　学系主任之职权为召集学系会议办理下列事项：

一、编制本系课程；

二、编制本系预算；

三、推荐本系教授、讲师、教员及助教；

四、审定本系图书仪器之购置及其他设备；

五、保管本系一切设备；

六、讨论本系教学及学生训育问题。

第七章　行政部

第二十一条　本校得依行政之需要设若干部。

第二十二条　每部设主任一人（或酌设副主任）、事务员及助理员等若干人，分掌各该部事务，概由校长委任之。

第八章　附　则

第二十三条　本大纲之修正得由评议会以三分之二之通过提出，于教授会讨论决定之。

第二十四条　本大纲自公布之日施行。

民国十五年四月十五日订

（按：现在学校组织之上尚有董事会，董事会隶属于外交部。惟现在董事会正在改组期内，将来新董事会与外交部之关系如何，亦尚未确定，故此处均暂不涉及。）

附现任重要职员如下：

校　长：曹云祥

教务长：梅贻琦

评议会九人：曹云祥（主席）

梅贻琦（兼训育委员会主席）

戴志骞（兼财务委员会主席）

吴　宓（兼出版委员会主席）

杨光弼（兼建筑委员会主席）

赵元任　陈福田　朱君毅

赵学海

各行政部：

图书馆主任：戴志骞

庶务处主任：李仲华

会计处主任：瑞　光

注册部主任：王芳荃

招考处主任：章　寅

体育馆（部）主任：马约翰

秘　书：王曾杰　何林一

校　医：赖福斯　李　冈

1927 年

就职演说

本人离开清华，已有三年多的时期。今天在场的诸位，恐怕只有很少数的人认识我罢。我今天看出诸位里面，有许多女同学，这是从前我在清华的时候所没有的。我还记得我从前在清华负责的时候，就有许多同学向我请求，开放女禁，招收女生。我当时的回复说，招收女生这件事，在原则上我是赞成的，不过在事实上，我认为尚需有待。因为男女的性别不同，有许多方面，必须有特别的准备，所以必须经过相当的筹备，方能举办。现在在我出国的三年内，当然准备齐全，所以今天有许多女同学在内，这是本人所深以为慰的。

本人能够回到清华，当然是极高兴，极快慰的事。可是想到责任之重大，诚恐不能胜任，所以一再请辞，无奈政府方面，不能邀准，而且本人与清华已有十余年的关系，又享受过清华留学的利益，则为清华服务，乃是应尽的义务，所以只得勉力去做，但求能够尽自己的心力，为清华谋相当的发展，将来可告无罪于清华足矣。

清华这些年来，在发展上可算已有了相当的规模。本人因为出国已逾三年，最近的情形不很熟悉，所以现在也没有什么具体的意见可说。现在姑且把我对于今后的清华，所抱的希望，略为说一说。

一、我先谈一谈清华的经济问题。清华的经济，在国内总算是特别的好，特别的幸运。如果拿外国大学的情形比起来，当然相差甚远，譬如哥伦比亚大学本年的预算，共有三千六百万美金，较之清华，相差不知多少。但比较国内的其他大学，清华的经济，总不能算少，而且比较稳定了。我们对于经济问题，有两个方针，就是基金的增加和保存。我们总希望清华的基金能够日渐增多，并且十分安全，不至动摇清华的前途。然而我们对于目前的必需，也不能因为求基金的增加而忽视，应当用的我们也还得要用。不过用的时候总要力图撙节与经济罢了。

二、我希望清华今后仍然保持它的特殊地位，不使堕落。我所谓特殊地位，并不是说清华要享受什么特殊的权利，我的意思是要清华在学术的研究上，应该有特殊的成就，我希望清华在学术研究方面应向高深专精的方面去做。办学校，特别是办大学，应有两种目的：一是研究学术；二是造就人才。清华的经济和环境，很可以实现这两种目的，所以我们要向这方面努力。有人往往拿量的发展，来估定教育费的经济与否，这是很有商量的余地的。因为学术的造诣，是不能以数量计较的。我们要向高深研究的方向去做，必须有两个必备的条件：其一是设备；其二是教授。设备这一层，比较容易办到，我们只要有钱，而且肯把钱用在这方面，就不难办到。可是教授就难了。一个大学之所以为大学，全在于有没有好教授。孟子说："所谓故国者，非谓有乔木之谓也，有世臣之谓也。"我现在可以仿照说："所谓大学者，非谓有大楼之谓也，有大师之谓也。"我们的智识，固有赖于教授的教导指点，就是我们的精神修养，亦全赖有教授的 inspiration。但是这样的好教授，绝不是一朝一夕所可罗致的。我们只有随时随地留意延揽而已。同时对于在校的教授，我们应该尊敬，这也是招致的一法。

三、我们固然要造就人才，但是我们同时也要注意到利用人才。就拿清华说罢，清华的旧同学，其中有很多人才，而且还有不少杰出的人才，但是回国之后，很少能够适当利用的。多半是用非所学，甚且有学而不用的，这是多么浪费——人才浪费——的一件事。我们今后对于本校的毕业生，应该在这方面多加注意。

四、清华向来有一种俭朴好学的风气，这种良好的校风，我希望今后仍然保持着。清华从前在外间有一个贵族学校的名声，但是这是外界不明真相的结果，实际的清华，是非常俭朴的。从前清华的学生，只有少数的学生是富家子弟，而大多数的学生，却是非常俭朴的。平日在校，多是布衣布服、棉布鞋，毫无纨绔习气。我希望清华今后仍然保持这种良好的校风。

五、最后我不能不谈一谈国事。中国现在的确是到了紧急关头，凡是国民一分子，不能不关心的。不过我们要知道救国的方法极多，救国又不是一天的事。我们只要看日本对于图谋中国的情形，就可以知道了。日本田中的奏策①，诸位都看过了，你看他们那种处心积虑的处在，就该知道我们救国事业的困难了。我们现在，只要紧记住国家这种危急的情势，刻刻不忘了救国的重责，各人在自己的地位上，尽自己的力，则若干时期之后，自能达到救国的目的了。我们做教师做学生的，最好最切实的救国方法，就是致力学术，造成有用人才，将来为国家服务。

今天所说的，就只这几点，将来对于学校进行事项，日后再与诸君商榷。

1931 年

---

① 即《田中奏折》，据称是由日本首相田中义一于 1927 年呈给日本天皇关于侵略中国的秘密奏章。

在建校 22 周年纪念会上的讲话

今日是本校成立二十二周年纪念日。现值国难危急的时候，不愿在形式上铺张庆祝，惟以今日为本校历史上最有关系的一天，校中自应略有表示，藉以纪念已往，共勉将来；并尤注重在欢迎毕业同学回校，使与在校同学趁机接近团聚。校中有须改良促进之处，甚望毕业同学本爱护母校之怀，多予指导和协助，此即今日举行纪念的意义。

本校于民国元年成立。在民国以前，办有游美学务处，招考学生资送留美。后因在国内准备不足，留学时间至不经济，且幼生思想未能坚定，对于国内观念尤不切实。恐未能造出十分有用的人才。所以在民国元年成立清华学校，培植留美预备人才。十余年后，国内教育渐有进步，学生程度提高，各省考送出洋者渐多，不必一校专做预备。乃于民国十二年停招预备科学生，十四年成立大学部，以应时代需要。俾其毕业后，或在国内继续研究，或出国留学，或在社会服务，均有相当根底。

民国十七年因组织上及管理上均有变更，正式改为国立大学。数年来曾有相当进展，上年因受庚款停付的影响，原订建设计划，未能继续实现，不过建筑之已动工者，势难骤停，勉强维持进行。最近完成者，计有图书馆、化学馆、水力学实验室、男女生宿舍、教职员住宅等。

外间以为清华设备已多，其实不过与设备简单之校相比，较为完备一点，尚不能说已经充分够用。上年遵照部令，注重理工发展，乃于原有之土木工程系外，增设电机工程及机械工程两系，合组为工学院。惟当工学院成立之时，适在庚款停付期间，以致各项设备，均暂从缓。现在学生程度渐高，需要之设备渐多，不能再事延缓，下年内必须设法酌为添置。

目前学校感受两层困难。一因外患加紧，时局如何变化，很难说定；二因经济问题未解决，经费自二月以后分文尚未拨到。但吾们虽处艰窘危迫的局面，不可畏难灰心，不可使精神颓唐。还是要特别努力去做，维持艰巨。

1933 年

在建校 24 周年纪念典礼上的讲话

明日——二十九日为本校成立二十四周年纪念日，但因今日星期，为校友来校团聚较便，故于今日举行纪念。今年返校校友甚多，愉快之至！诸同学离校多年，此际返校欢聚，不惟吾人感情上为之欣快，于事业上且增加一份力量。兹将一年来校事简单报告如下：

（一）工程设备方面——本校设工程方面课程已七八年，三年前遵照部令成立工学院，包括土木、机械、电机工程三系。工学院系组织稍与他系不同，因性质较异，且设备方面需要较其他门类为大，亦非一时所能完备。自初即与各负责人从长计划，全今规模仅称粗备。机械工程与电机工程两馆建筑，今年始竣工，水力实验馆虽建筑完工在前，内部布置亦于今年始克就绪。兹定今日举行落成礼，诸请指教。上项经费计共六十万，胥由教部核准动支；其中建筑费约占三分之一，设备费则占三分之二。此数目骤闻之似觉甚巨，但按课程性质，确属必要之设备。据吾所知，同人对此项经费之支配，极为经济。

（二）理工以外之课程方面——常有人谈判，学校计划是否平均发展。但何谓平均？因各门类性质不同，需要不同，所谓平均发展之准则，亦殊难确定。吾人仅抱定宗旨，即使具有相当根底之各门类，在国内学术界，能多有贡献。如社会科学各系有关国情之课程，设法增加，虽材料之搜罗整理均费时间，总希一二年内可筹备至相当程度。关于此种图书典籍等之购藏，亦予特别注意。

（三）农业研究方面——复兴农村改良农业，已属近年朝野共同注意之工作。前夏本校有奉令添设农学院之议，但就吾人所知大学设农学院系办法，似未能解决农村问题，大学所造就之农学人才，多不肯到乡间去做实际改良农业挽救农村工作。兼以北平保定皆有农学院，本校似无设院必要；惟农业研究自属需要，没有成绩，即可补助农村。本校遂成立农业研究所，择他处尚少注意之病害虫害两方面，为第一步研究标的；亦因北平一带富有果产，受病害虫害亦甚多，如能就近解决，亦增加生产之一补。故拟先着手于此。

（四）留美公费生考试——今夏举办者为第三次。乃前年夏间与教部商定之办法：每年考选二十五名，门类每年酌量社会需要而定。第一年二十五名；去年因有的门类考生成绩平平，抱宁阙毋滥宗旨，仅取录二十名；所余名额拟于今年补齐——共三十名。其办法与前不同者，考取后分在国内各相应机关考察或实习，以资澈①底了解国情及需要。有的出国较早，而多数则考察近一年，翌年夏始放洋。此后考选问题，以国内各机关派遣办法甚多，出国者甚多，清华考选与否大可考虑。且国内研究宜多注重，期逐渐使中国学术独立，派人出国研究，或不若约请国外学者来华，俾多数人得与共同研究。况美金跌落，恐将影响学校经济前途甚大，大体而论，仍以多请国外专家来华较派遣留学为经济。

（五）毕业同学对学校关怀，热忱帮助母校，特发起捐款建校友楼及清寒同学贷款基金，纪念明年学校二十五周年。数目不大，因同学在社会服务者多，当属易举。学校希望最近办理同学贷款，倘能成功，亦老大哥对小弟弟友爱之表示。尚希努力。

1935 年

---

① 澈，同"彻"。

致全体校友书

琦以民国二十年秋，奉教部之召，自美返国，继翁前校长之后，勉承其乏。光阴荏苒，瞬及五载。自维德薄能鲜，无多建树；且此五年之中，国难日趋严重，因而校外事务之因应，至为频繁，尤令琦生时力不继之感。所幸一切校务，上承政府当局之指导，内有全校同仁之辅助，外获校友诸君之策励，用能于环境困境之际，逐渐发展；此则琦之私心至以为慰，而亦深感各方之合作者。兹者，忻逢本校二十五周年纪念之期，举校欢忭；我散处全球之数千校友，亦将同于此日此时，致其热烈之庆祝：一以纪念过去之艰难缔造，一以懔念未来之发荣滋长。琦不敏，用将校务进展之现况，与夫将来之计划，择其重要者，分别为我爱护母校之诸校友一言其概略；或亦我校友诸君之所乐闻欤。

一、本校之扩为大学，始自民国十四年，至今不过十年耳。过去五年，正为大学成长充实应经之重要阶段。此五年中吾人所努力奔赴之第一事，盖为师资之充实。吾人常言：大学之良窳，几全系于师资与设备之充实与否；而师资为尤要。是以吾人之图本校之发展，之图提高本校之学术地位也，亦以充实师资为第一义。至其实况，可于下列三事见之。第一，教师人数之增加。本校二十年度时，全校教师计为教授七十三人，讲师四十二人，教员七人，助教三十二人，导师五人，共计一百五十九人。至二十一年度时，则教授增至七十八人，讲师四十四人，教员十二人，助教三十六人，导师三人，共计一百七十三人。至本年（二十四年）度则教授增至九十九人，讲师三十五人，教员二十一人，助教六十五人，导师一人，共计二百二十一人矣。此就人数方面言之也。第二，国外学者之延聘。吾人以为将欲提高国家学术水准，端赖罗致世界第一流学者，来华讲学。是以年来对于此点，尤特注意。数年之内，外国学者来游中国，本校得以邀聘来校作短期讲演者，如郎哲曼①（Longevin）、如郎密尔②（Langmuir）、如何尔泰③（Holcombe）、如杰克生④（Jackson），虽每人讲演多者不过二三次，而本校得与观摩谈论，获益当非浅鲜。至本年更进而聘约来校长期讲学者，计有哈德玛（Jacques Hardamart）、温纳（Norbert Wiener）、华敦德（Frank Wattendorf）诸君。哈德玛为巴黎大学副教授，中央实业学校教授，现任巴黎法兰西学院教授，国家学术院会员，世界算学会副会长，世界算学教育委员会会长；温纳为美国麻省理工大学算学教授，于近代算学之应用，尤多发明；华敦德向在美国加省理工大学研究，于航工之理论与经验皆有精深之造诣。此数君之来校或期以数月，或一二年，吾校师生利用此时机做学术之探讨，其成就必有逾乎寻常者。此就师资之质的方面言之也。第三，各系学科之增加，本校各系所开学门，计二十年度为三百六十五门，二十一年度为四百四十四门，本年度则为五百一十二门。增加之速，于此可见。此就师资充实后之效率言之也。总之，师资为大学第一要素，吾人知之甚切，故亦图之至亟也。

二、设备之充实。师资与设备为大学之两大要素，前已言之。是以在理论上言，吾人对于设备一端，不能不竭其所能，以求充实；此无他，欲以提高学术地位，有以资研究与教学之便利也。即就事实上言之，本校改

---

① 郎哲曼：法国物理学家。
② 郎密尔：美国物理化学家，曾于 1932 年获得诺贝尔化学奖。
③ 何尔康：美国政治学家。
④ 杰克生：美国法学家。

为大学，不过十年，一切设备，初欠完备，加以年来学系与师生之人数，日在扩展之中，则设备之充实，为必不可缓矣。至于时局厄桑，吾人非不知之，然而一方面事实上有此需要，一方面吾人亦不宜徘徊瞻顾，趑趄不前，此盖今日办学者所共感之困难，而又无可如何者。无已，则惟有以最经济之标准，应最迫切之需要，庶费不浪用，而事无不举可已。关于设备之充实可略为分述者：第一，为校址之扩充。本校校址，原仅清华园本部，共约九百余亩。近以建筑物增加之故，迭经增购，计于西南两方共约增购三百余亩，又圆明园废址，因教部拟令本校增办农学部分，经中央拨归本校，作为农场之用，惟目前以种种关系，尚未充分利用耳。第二，为建筑物之增加。本校在十四年时，大学学生，不过九十三人；合前留美预备部计之，总共不过三百余人。现在校中设有文、理、法、工四院，共十六学系，学生人数已由三百余人增至一千三百零八人。是以一切教学、实验、住宿之地点，无不感觉不敷应用。遂于数年以前，呈准教部，渐事增建，以便应用。除加建图书馆、第四宿舍（明斋）、生物馆、气象台等，均系二十年以前完成者外；其二十年以后完成之建筑，计有水力实验馆一座，化学馆一座，机械工程馆一座，电机工程馆一座，航空工程馆一座，改建发电厂一所，添建男女生宿舍四座，添建新住宅四十所。第三，为图书仪器之添置。本校对于图书仪器之购置向极注重，近自十八年起，更规定每年以经费百分之二十充作图书仪器购置费，数年以来，未尝改变，故每年此项用款总在二十四五万元左右，除教学所需之工具外即各系研究之设备，虽不能谓为完备，但确已树其始基矣。

三、研究事业之提倡。凡一大学之使命有二：一曰学生之训练，一曰学术之研究。清华为完成此使命，故其发展之途径不徒限于有效之教学，且当致力于研究事业之提倡。此在学术落后之吾国，盖为更不可缓之工作。关于此点之可述者：第一为研究院之进展。本校于民国十八年六月呈准政府设研究院，照本科各院系分别筹设研究所部，十九年夏开始招生。现设文、理、法三科研究所，文科研究所设中国文学、外国语文、哲学、历史学及社会学五部；理科研究所设物理、化学、算学、地学、生物、心理六部（内社会、地学、心理学三部全于二十三年度暂停招生）。法律研究所设政治、经济二部。研究院院长及各所各部主任现均暂由本校校长、各学院院长、各系主任分别兼任。各部研究生人数，计二十年度为四十一人，以后渐有增加，本年则为四十三人；各系助教等之参与研究工作者尚不与焉。研究生之录取，悉以入院考试成绩为准。本校本科毕业生，自二十三年夏起，亦须经此考试，方得入院。研究院设有奖学金额若干名，每年成绩优良之研究生得领受之，奖金每年为三百二十元，分期付给。研究生之学程初定为三年，近遵部令改为二年，其已毕业者计二十二年为六人，二十三年为四人，二十四年为七人。研究生毕业以后，多半出国留学，再图深造，或在国内大学担任教职，总之对于研究学问，均能努力从事，始终不懈，将来于学术上可有贡献于国家者，数年之后，可以见之矣。第二农业研究所之设立。本所于二十三年创设，希以研究所得，贡之农村实用，以为改良农业、复兴农村工作之一端。现先办病害、虫害两组，以此两方面需要较切，而为国内各农事研究方面所不甚注意者也。工作拟定者，有河北省病虫害调查、河北省重要病虫害之防治、旧有防治法之调查与国产除害剂之试验、植物抗病种之选择及害虫天然节制法之研究、与应用有直接关系之纯粹研究等五项。第三为航空工程之研究。吾国近年于航空事业极力推进，然其困难问题，不在经济而在人才。航空之人才固分驾驶与工程两门，而工程人才尤为难得，盖此种人才之造就尤至不易也。是以本校工学院成立之始，即注意于国家对于特种工程之需要，如航工，如水利，如电信，皆特予发展。而航工自得资源委员会之资助与航空委员会之指示，进行尤为顺利。最近成立之航空工程馆内设有五呎试验风洞，足以做小规模之实验。今夏机械系毕业生中之选习航工组者，有八九人，可供国家之驱使，但事属初创，成绩未必大佳，然吾人本服务之精神，以继续之努力，期于将来或有所贡献耳。第四为学术刊物之增加。本校学术刊物，初仅有清华学报一种，创刊于民国十六年，年出二册，至今继续出版。但近年因稿件增多，自二十四年起，即以增为年出四册。此外又于二十年起，刊行理科报告，计分三种，每种年各刊行六次，专载本校师生对于理科研究之成绩。又自二十四年起，刊行社会科学一种，年出四册，专刊本校师生在社会科学方面之著述。此外自二十一年起，又有气象季刊之刊行。至于非定期刊物，如学术专著，如大学丛书，年有出版，其不经本校印行者尚不计焉。即此可见校内同仁努力研究之一斑，而亦极足以告慰于校友诸君者也。第五为教师休假研究之办法。按本校定章，凡教师连续服务满五年以上者，得休假研究一年，此举自教师待遇方面言之，可视为权利，而自学校欲以提高师资方面言之，亦应视为义务。历年以来，大凡合于规程标准之教师，以学校经费限度所许，尽量资送，每年约在十人左右。或则远涉重洋，或则投身边鄙，无不尽力于学术之探讨，或实地观察，故研究之结果，虽不必绳以定程，亦均有所表现也。

四、经费之调节。本校经常费用，纯恃美国第一批退还庚款。因退款之能按月领到他（实则二十一年二月至二十二年二月曾经停付一年），于是外间不察，遂以为本校经费，异常充裕，其实不然。按本校常年经费，自二十一年起，每年定为一百二十万元，而数年以来，事业扩充，突飞猛进，范围年有增加，如工学院之成立，如农业研究所之增设，为需款之尤多者，而经费之总数，依然如故；以是一切开支，至感拮据。虽然，国内经济状况，萧条已极，吾人处此，一方面对于事业固不能不力图发展，以应国家社会之需要，一方面对于经费之支出，则惟有极力调节，节彼就此，以求得更高之效率而已。近年之论大学费用者，每以学生人数多寡及每生用款之数为标准，此法实非正确。盖①学科不同，需费多少亦自不同，如理工必较文法为多；②学校对于图书仪器之设置费，多少有大相悬殊者；③研究事业之举办需费较多，而学生之能参加者，势必为极少数；④学校之在城市与在乡间者，其负担之用费，亦有多寡之不同也。但以极笼统之学生每人用费数目言之，则二十年度本校学生人数为七百四十九人，每人约费一千四百元；二十一年度九百零九人，每人约为一千二百元；本年度一千三百零八人，每人仅约九百三十元矣。此非欲作与他校之比较，但可略见本校用费之力求经济耳。

五、工学院之成立。按本校自改办大学以后，即有土木工程学系（原附设于理学院）嗣以国家建设猛进，各项工程人才之需要，至为急迫；本校为应付此项需求起见，遂于二十一年呈准教育部，添设机械工程学系、电机工程学系，合原设之土木工程学系，成立工学院，现在以工学院之设备而言，则有土木工程馆、机械工程馆、电机工程馆、水利实验馆、航空工程馆，以及一切教学应用之仪器、机械，大体均甚完备。以言师资，则三系现共有教授二十二人，皆于学问经验各具专长。以言学生，则来习者，日益增加，本年人数占全校总数三分之一而强。以言学生毕业后之状况，以幸能获得各方之重视，每届毕业以前，即多有承外界预延服务者。此则工学院虽属新近成立，但经院系同人之努力，其基础已立，而将来之发展自无问题也。

六、为与国际学术界之沟通。盖今日之清华，已不仅为围内最高学府之一个，同时亦当努力负起与国外学术界沟通之使命也。①关于延聘国外学者，来校讲学，前节已言之矣，同时本校休假教授，赴外国研究，亦常有就近为外国大学挽任讲学者。②本校出版刊物，近已日趋学术化，近刊材料，泰半为实验和研究之结果，外国专门刊物，时有转载，或作提要、索引，即外国近来出版之专门教科书籍，亦时有以此种材料为引证之资，此其对于我国在国际学术上地位之提高，实至重且大也。③本校自二十四年夏起，与德国大学会订立互派研究生办法，去年本校派出三人，已分在德国大学做专门研究，进行良好；德国派来学生二人，亦均到校受教。此亦学术界互惠之盛举也。④本校自二十二年夏起，遵照部令，选派留美公费学生，以三年为期。每年定额二十五名，计二十二年考送二十五名，二十三年考送二十名，二十四年考送三十名。成绩均颇不恶，在美学业亦均佳良，而所习学科，亦系事先由本校呈商教部决定，期能适合国家之需要。⑤本校研究院毕业学生，其学生特优者，亦由校中资送国外，再求深造，为国外研究生，计二十二年派送三人，二十三年派送四人，三十四年派送四人，研究期限均为二年。

七、为贫寒优良学生之奖助。盖奖助贫寒优秀学生，本为国家教育政策之一，吾人自当极力体行。用是于二十三年度起，每年设立清寒公费生名额十名，清寒助学金名额四十名。前者每名每年津贴国币至多为二百四十元，后者每名每年津贴国币至多为八十元。办理以来，成效尚佳。此外近来校友捐款，纪念母校二十五周年纪念，亦有在校设立贫寒学生贷款基金之议，此则尤应代清寒同学感谢校友诸君之厚谊于无涯者也。

八、为校友联络事宜之促进与对于校友职业问题之注意。本校校友之应联络团结，吾人前已一再言之；而校友中感觉需要，痛切言之者，尤不在少。是则校友团结，通力合作以谋母校与国家之幸福利益，其理至明。至于校友职业问题，尤赖母校与其他校友，共同扶助，更不待言。关于前者，在校内则自二十年起，即在校长办公处附设毕业同学通讯处，冀以互通消息；又于二十二年促成同学总会，出刊校友通讯，藉以增进联络之便利。关于后者，亦在校长办公处内设有职业介绍部，竭其所能，以为校友求得展布学识之机会。所惜中国目前习惯，仍重个人介绍，不重机关之推荐。是以成效未能大著；此则尤有赖于校友间之互相协助矣。

以上所言，殆为此最近五年中校务进展之荦荦大者，至于将来计划，除于已办事业应继续推进外，约有数端，为以前报告所未及而必为校友诸君所急欲知其究竟者，特分别言之于次：

第一，为本校基金情形。按本校经费，系由美国第一批退还庚款拨付，除以一部分作为本校经常费及留美经费外，余数概拨入基金，以为本校久长之计。此基金自二十年夏起，概由中华教育文化基金董事会代为管理，截至现在，积存已有国币一千余万之数；估计积至庚款退还末年，即民国三十年为止，约可即成两千余万之谱。

第二，为本校对于应付时局之态度。此可以一言明之，即："尽力维持，决不南迁"，是也。夫国难维已至此，然吾人决不可自坏其心理上之长城；大局虽不可知，然而吾人自己之职责，决不可放弃，万一不幸，本校亦当在此"水木清华"园中，上其"最后之一课"。国家虽弱，正气不可不存；此敢为诸校友报告者也。

第三，为本校近来拟办之新事业，即将在长沙举办特种研究是也。按中国素号以农立国，但农业不振，已达极点；危机之大，不容忽视，是以本校有农业研究所之设立，意即此也。然本校所重者在研究，而推广则不可不与他人共图之。适湖南有省立高级农业学校，着重推广农学新知，而湖南又为国内粮库要区，使研究与推广合力进行，必收事半功倍之效。本校审度事实，衡虑需要，遂商承教部拟定在湘工作计划，关于校舍及所需其他设备，最近即当筹划进行。此为本校事业之扩张，与所谓南迁迥异其致也。

总之本校日后办学方针，仍将一秉初衷，努力迈进；期于训练人才，提高学术二端，增多贡献，以副国家社会期望之殷，而致我清华校誉于更高之地位尔。纸短心长，欲言不尽，惟我爱校诸校友，不吝指教，共图校务之进展，幸甚幸甚。

1936 年

回顾与前瞻

——在建校 26 周年纪念会上的讲话

今天为本校举行二十六周年纪念之日，按本校纪念日，原为四月二十九日。因是日为星期四，时间上与校友来校不便，特提前于今日举行纪念典礼。今天承诸位校友并许多位来宾到场参加，实为荣幸，谨致谢忱。

关于校事近状，当为诸君所欲知者，兹仅就学校在过去之五年及未来之五年作一简单之回顾与前瞻，盖因过去之五年与未来之五年在本校校史中皆可作一阶段言之也。过去之五年适为"九一八"以后之五年；未来之五年在清华历史上属重要阶段，因五年以后，庚款期满付清。将来之进步如何，要看此最近五年中如何计划，如何布置，故均为校友所关心。至在过去之五年，校中事举其大要者约有下列数端：

（一）人数。学生人数在五年以前为七百五六十人，现在增至一千三四百人。教师彼时为八九十位，现在增至一百五六十位。

（二）建筑设备方面。近五年之内陆续添建之新建筑约为：化学馆，图书馆新馆，体育馆后部，土木工程馆之一部，水利实验馆，机械工程馆，航空实验馆，电机工程馆，学生宿舍之平、善、新等斋，大食堂，教职员住宅两院添建者十所，新南院三十所。近来学校建筑增加甚多，校外人士，或不了解。实因清华自改办大学、添办研究院以来，建筑设备以前增添不多，殊不敷用。为适应需要起见，虽在国难严重之际，亦不得不从事扩充，以利课业之进行。

（三）学系方面。本校原有文、理、法三学院，自二十一年夏起扩充土木系，添设机械、电机两系，成立工学院。法学院之法律系，因政府教育方针关系，已设旋辍。二十三年夏设立农业研究所。近年来，国家对于农村建设及农业改造，极端注意，本校成立此所，先从研究实验方面着手，藉以辅助围家农业事业之改进，较之设立农学院尤易收获实效。

（四）图书设备方面。以购置之款数言，最近五年以来用于添置仪器之款为一百二十余万。盖本校之校务进行计划大纲，曾有规定：每年之图书设备费必须占全校经费百分之二十，近来虽因事业扩充，经费支绌，但只竭力于他方缩减，此项始终维持，未尝牵动。此外，在工学院创办之初，电机、机械两系为添设备，用款三十余万。农业研究所设备用款亦有数万元之数。

（五）刊物方面。清华学报出版已十有余年。此外在六七年前添刊理科报告，上年加出社会科学季刊、工程季刊及农业研究所报告三种，皆本校各院系同人出其研究所得以就教于国人而兼以互相砥砺者也。

（六）留美考试。近来举办招考留美学生办法，与前不同。本校初设立时为留美预备学校，此种办法在十八年以后即已停止。近年因应国家之需要，于四年以前有招考留美公费生之举。以往出国者已有九十余人，今明两年仍继续办理。

以上为物质方面之情形。至关于精神方面，校内同人对于校务，均极努力热心负责，此为学校获得合作，能以发展之一大因素。学生方面，在校对于学业颇能认真，故出校后服务社会，成绩差好，校友闻之当亦欣慰。近两年来，学生举动，因时局关系，有时不免失当。但一经纠正，立能悔改，亦可引为欣幸也。至对于本校未来之五年，拟举三点简述如下：

（一）希望：希望时局无大变化。目下时局已日趋稳定，吾人希望能长在此稳定或更稳定之局面下，合全校师生之努力，共同维护学校，向前进展。

（二）方针：关于学生数量方面，似无再增多之必要。因吾人固不必以增加容量为办学成绩之表现。将来应予注重者为在学术研究方面力求进展。对于国内外专门人才，当尽量罗致，研究设备，务使充实。庶将来于学术上多有贡献，以尽大学所以为大学之职责。

（三）计划：对于研究事业，校内现已有十系设研究部，可招研究生，此外各系，仍当相继进展。即不设研究部，各系如有必要，尚可招收研究助理，帮助某种研究计划之进行。

最近在长沙进行之事业，年余以来，经政府当局之指导，湖南各方之协助，该项计划今已大致决定，即在长沙设立特种研究所是也。该所建筑，现在进行，约须秋冬之间方能完成。该所工作约分以下数部。

1. 农业问题之研究；

2. 金属学问题之研究；

3. 电工问题之研究；

4. 国势清查问题之研究。

以上各项所以欲在湖南举办者，一因欲就地方物产之便利与需要，一因辅助国家事业之进行，故皆以设在湖南为适宜。凡此事业，固皆非短时间内，可见成效。故本校应于未来之五年努力以赴之也。

与国内学术机关之合作。本校近一二年来，在研究工作上，常能得各方之辅助与合作，使吾等更加奋勉。最近如资源委员会、航空委员会将更予以较多之补助，中英与中法庚款董事会，于下年在本校设理科讲座或更予他项之补助，此外，国内学术机关如中央研究院、北平研究院、地质调查所、中央农业实验所等之合作，本校皆甚欢迎。

关于留美公费生办法，现已招考四年，今明两年仍招考一次。合计前后公费生应共派出一百三十四人之多。回顾以后，对于国家及社会，当有一番贡献。以后对于自国外求取知识之方法应有变更：即不必大批派人赴国外留学，而改自外国多聘专家来华讲学。此举可使国内研究事业益得推行，研究基础已趋稳固。盖国人对于派遣留学政策之应重加考虑，此其时乎。

关于本校基金问题。五年以后本校所领庚款将付清，届时之办法最关重要者，为经济稳固。所幸本校基金付托得人，数年以来经中基会各董事之善于处理，逐年增加，就现在估计，五年以后，倘中途不发生意外，可积有成数，而以其每年利息，足可维持校中各项事业之继续进行。此必亦校友诸君所乐闻也。

1937 年

抗战期中之清华

一

自卢沟桥事变迄今已二十一个月矣，在此期间，吾校之所遭遇固多有与他校相同者，然吾校校舍之被敌人占据摧毁，同人南迁后之艰苦维持，与夫目前校务之推进状况，凡我校友，必欲闻其详。今兹所述，犹虑未能详尽。盖前年夏间，琦因事赴京，七七变作，即未能再返清华园，关于园内经过情形，皆同人事后南来或通信相告者，琦今据以转告校友。虽其间详略不齐，或近屑琐，然皆目睹心伤，垂涕而道者也。

本校因地处平西，毗连宛平，当七七之夜，敌人进攻卢沟桥，枪炮之声，校内清晰可闻。斯时正当暑假，一二三年级学生在西苑兵营集中受军事训练，四年级已毕业学生，为谋职业及准备研究院与留美公费生考试，留校者约二百余人，教职员除少数南下参加庐山谈话会与作短期旅行者外，大部分仍留校中，对于时局演变，严切注意，校内秩序，则力予维持。自七月八日至二十七日，地方当局举棋不定，谣言繁兴；迨二十八日我军后撤，北平遂于二十九日沦陷矣。当二十八日晨，敌机大举轰炸西苑，同日午前，二十九军与敌战于沙河，炮弹有落入园内者；迨二十九日，我军退出北平之讯证实，留校同人，乃纷纷向城内迁徙，学校情形，暂时最为惊慌，盖敌军所在，已去本校不远，随时有窜扰之虑。斯时也，琦已由庐山到京，因平津交通中断，无法北上，除与校中同人函电询商外，日惟向京中各方探取消息，每闻及沙河激战，西苑被炸，念我介乎其间之清华校园，不知被破坏至何程度矣。某日报中载有清华学生二百余人在门头沟附近被敌人屠杀，更为焦急，凡兹传闻，虽事后幸未证实，然在当日闻之者，实肠一回而九折也。

七月二十九日下午三时，即有敌军在校内穿行。尚无若何举动，但以后来者益多，应接不暇。校中同人，于八月中决定疏散办法，并组织保管委员会，保管校产。九月十二日，日本宪兵队带俄籍翻译来本校搜查，凡校长办公室、秘书处、庶务科、学生自治会会所，及外籍教员住所，均被搜查，旋封闭学生自治会所及噶邦福①先生住宅而去。

十月三日，日本特务机关人员及竹内部队长来校参观，临行将土木系之图书、气象台图书、仪器、打字机、计算机等，用大汽车装载以去，是为敌军自由窃取本校什物之始。自此每日参观，每日攫取，虽经保委会交涉制止，全无效果。

十月十三日，敌军实行强占校舍，此批军队，即为卢沟桥事变祸首牟田口部队，占住之房舍，为工学院，办公楼，工字厅、甲、乙、丙三所，女生宿舍，二院宿舍，大礼堂等处，是为敌军驻入本校之始，斯时在本校保管人员，被逼退至学生宿舍"四院"②。

二十七年一月二十日，敌军又要求迁移科学馆、生物馆、化学馆为驻兵之用，中间几经交涉，终于二月初强逼搬完，并限校内员工，一律迁出旧校门，保管人员退住旧南院③，自此以后，旧校门以内情形，不堪言问

---

① 噶邦福，英文名为 J. J. Gapanovich，时为清华大学历史系俄籍教授。
② "四院"，即今之明斋。
③ "旧南院"，即今之照澜院。

矣。迨至八月中，敌军驻本校者，增至三千余人，又将校外住宅区占去，即保管委员住之旧南院，亦被侵占，于是清华园内，遂不复有我人之足迹矣。今年春，有新自北平来者谈及园内情形，云图书馆已被用作伤兵医院，新体育馆、生物馆用作马厩，新南院①用作敌军俱乐部。各馆器物图书，取用之外，复携出变卖，有时且因搬移费手，则随意抛弃或付之一炬者。夫敌人之蓄意摧残我文化机关，固到处如是，清华何能例外，虽然，物质之损坏有限，精神之淬励无穷，仇深事亟，吾人宜更努力灭此凶夷，待他日归返故园，重新建设，务使劫后之清华，益光大灿烂，斯琦于缕述母校情形之余，愿与同人共勉者也。

二

自北平沦陷，战祸延长，我政府教育当局，爰于八月中命本校与北大、南开合组临时大学于湖南省会之长沙，琦于八月底赴湘筹备，为谋本校员生来湘之便利，商托天津、南京、上海、汉口四处同学会，一方举行登记，一方指导行旅。斯时也，我校员生家属之来询问其子弟消息者，函电纷驰，亦赖各处登记报告，得知行止，各处同学会之热心帮助此项工作，至可感佩。长沙临时大学赁得校址于湘垣圣经学院，乃于十一月一日开学，本校学生到者六百余人，教职员到者百八十余人，烽火连天，弦歌未辍，虽校舍局促，设备缺乏，然仓促得此，亦属幸事。本校原在长沙河西岳麓山南起建房舍，最初计划，原为各研究所在湘工作之用，兹三校南来，爰由本校扩大建筑，由二所增至六所，预计可于二十七年春间完工。乃敌人破坏计划，渐及我后方，长沙虽去前线尚远，亦因空袭时来，渐感

---

① "新南院"，即今之新林院。

不安，二十七年二月，临时大学又奉命迁于云南省会之昆明，四月底全部到达，改名为西南联合大学，本校学生到者六百余人，同年七月毕业者二百余人，教职员除由湘随来者外，由平南来者，又增数起，共达二百人以上。关于西南联合大学之组织，可约略述之者，在行政方面，由常务委员会主持全校事务，常务委员，以三校校长任之，合秘书主任为常务委员会。常务委员会之下，设教务、总务两处，每处各设若干组，分司经常行政事务，此外另设工程处，办理建筑校舍事宜。（目前联大所用房舍，全系租赁或暂借性质，布置上极感不便，计划上已时虑变迁，故不得不自筹建造简单之校舍，以应自身之需要。）在教学方面，院系之分设，系参酌三校原有情形，共分四院，文、法、理、工；十八学系，中国文学、外国语文、历史社会、哲学心理、物理、化学、生物、数学、地质地理气象、法律、政治、经济、商学、土木、机械、电机、化工、航空；去夏复遵部令，设立师范学院，以教育系并入该院，今年二月，在电机系附设电讯专修科，期以较短时间（一年半）造就电讯技术人才，备国家抗战之用。联大经费之来源，系北大、清华原定经费之四成，及南开应领教部补助之四成拨充，合计每月不足八万元。在开办之初，幸得管理中英庚款董事会及中华教育文化基金董事会之补助，图书、仪器稍稍添购，但因外汇价涨之故，所能购得者，质量均尚差甚多。至建筑费，则系以中基会补助费之一部，即三校节余之款，凑合共得二十万左右，当此工料均贵之际，联大建筑之力求简单，一因符抗战节约之旨，而亦因经费所限，不得不然也。自去夏秋季，学生人数骤增，课程设备，一切均有增加，联大每月经费，遂益感不敷，幸于二十八年度经商准教部，以上半年清华节余之款拨助，每月可增一万五千元。至设备方面，清华除以前（三年前）由平南运之器物尽量供应外，清华在滇所设各研究所，在可能范围，谋于合作，于联合教学之需要，亦可稍有补助耳。

三

至清华之事业，近年以来，吾人在平时即认为学校在充实大学本科各系之外，应并注重于研究工作之推进，故南迁以后，除农业研究所（原设清华园）、航空研究所（原设南昌）、无线电研究所（原设汉口、长沙）均次第迁设昆明外，更因地方与时势之需要，于去秋添设国情普查及金属学二所。凡此五所，现均布置大致就绪，工作已有相当进展，虽设备方面，一时因经费与时间所限，未能尽敷工作之需要，但同人之努力，益形紧张，以求适应环境，于抗战期中对国家多少有所贡献。盖吾人以为研究事业特别在创始之际，规模不宜扩张，贵在认清途径，选定题材，由小而大，由近而远，然后精力可以专注，工作可以切实，至于成效，虽不可预期，然积渐积久，必有相当之收获也。

清华留美公费生，自前年夏间，因战事关系，暂停考送，以前派出留学欧美者，现尚有四五十人，各生成绩，均甚良好，抗战以来，尤知奋勉，学校虽于经费困难之中，仍设法维持，使于学业各能有所成就，但川资及生活费两项，已酌予减少，一以节省用费，一以使诸生知与校中同人共甘苦也。

此外关于母校情形欲为各校友述之者，尚有庚款停付之问题，盖自本年一月财部当局，因海关收入十九为敌人所扣留，遂将庚款债款（为关税担保者）一律停付，本校经费，一时遂竟无着落，庚款停付之事，在民国二十一年三月至二十二年二月之间，政府曾有是举，当时学校赖有财部拨垫之款，未致中断。此次政府之出此，其困难必更甚于前，但学校之各项事业，同人之所日夜努力者，亦实国家抗战后方重要工作之一部，而在建国因素中，尤不可废弃，故吾人深信，政府当局，亦必有维持之办法。最近已商请教部转呈行政院长，准令拨垫，虽详细办法，尚未确定，但校务之得继续进行，约可无虑也。

1939 年

在建校 29 周年纪念会上的讲话

三年前我校由平避难南下，在此地此堂，已举行过两次纪念会。此会为第三次。当此流离之时，本无所谓庆祝，但每年逢到此日，大家思念"水木清华"的校园的情怀倍加殷切，所以有此一会，给吾校同人及校友一个互相慰勉的机会，亦是好的。在去年母校纪念日，曾作了一篇"抗战期中之清华"，简单的报告在那两年来学校状况，今年又续写了几段，略述这最近一年的校务情形，在各位手里的"校友通讯"中可以看到，所以关于校务的报告，为时间经济，即不再重述。至关于校发方面，可以使我们欣慰的，自抗战以来，校友之服务内地各处的，少者数人，多者三四百人，皆有同学会之组织。目前分会已有十五六处之多，各地同学，均极关心母校状况，且于工作上均能互相鼓励，互相帮助，更足使我们兴奋。此次在香港，承当地同学欢迎聚餐，到了约六十人，尚有未到的约三四十人，如此盛况，亦是以前所未想到的，其中有两位同学，在这次晤见时，使本人特别高兴的，一为在港工程界极有地位之王长龄，一为在中山领导游击战之某君，此外还有许多位成绩很好的不必一一细说，不过举两个例子证明，我校友努力之精神实足以告慰于吾人，且使吾人益加奋勉。

1940 年

抗战期中之清华（续）

昨岁四月在《清华校友通讯》五卷三期上发表《抗战期中之清华》一文，为我校友叙述抗战中之母校情形，想各校友业经阅及。岁月不居，韶华易逝，兹忽忽又一年矣。琦乘此母校二十九周年纪念之日，再将此一年中学校情形，缅述大略，想为我亲爱校友所乐闻者。

一

抗战迄今，为时两年又九月，我整个民族在此艰难困苦奋斗中，已使敌人陷于不拔之域，失地虽未尽复，前途实具乐观，吾辈重睹"水木清华"之日或不远矣。据最近所得平中消息，清华园情形，仍如昨岁所述，工学院，办公楼，工字厅，三院宿舍，甲、乙、丙三所，女生宿舍，新南院等处，仍为敌军盘踞，新体育馆、生物馆被作马厩如故，图书馆，化学馆，科学馆，四五等院宿舍，则尽作伤兵医院，伤兵有时多至二三千人，各处零星器具，时被盗卖。独图书馆书库，闻大部尚未遭殃，本校留平之保管人员，偈居城内，园内情形，未能过问，间遇旧校工来自园中者，探知一二耳。本校长沙岳麓山麓之建筑，已全部完成，前年长沙大火，昨岁湘北会战，本校建筑依然无恙，校址中一部分农产物，且获丰收，此堪为我校友告慰者。自来昆明，瞬息两载，学校办公处所，大多系租民房，差敷应用，独各研究所自在昆成立，因所址不定，一再迁徙，殊感不便。去春租得本省农场百余亩，一部做农验所实验之用，一部备为二三研究所建造之需，但近来工料特昂，所能造者不过茅屋数十间，差敷研究工作之用而已。

二

西南联合大学情形，自二十八年起，学生人数，遽增至三千余人，本校旧生计三百一十六人，上学年终本校学生毕业者一百六十七人，抗战期中，本校三批毕业生，计二十六年二百五十六人，二十七年二百零七人，二十八年一百六十七人，共为六百二十人，皆能在此大时代中为国家服务，亦堪嘉慰者。联大在昆明大西门外新建校舍，已全部完成，但其教室及宿舍之容量，尚不及全校所需之一半。此外则总办公处，仍须设工业学校内，而昆华中学及昆华师范之一部，仍须租作教室及宿舍之用，工学院则仍设城东迤西会馆，自去春租得附近之江西会馆，而工院各系之实验室得以布置，今已粗见规模矣。至联大行政上之组织，院系之设置，均无改变，一如昨岁所述。经费方面，今年较去年经费总数，增加十六七万。但因学生人数之骤增，各物价格之飞涨，入不敷出，反较去年为甚。学校设备，两年来，幸得中基会、英庚款董事会，及教部分批之补助，陆续购置，外有清华由汉运渝、由渝转滇之器物，尽量供用。最近南开之一批书籍仪器，不久亦可运滇，则普通教课上之参考与实习之需要，可以勉强应付，尤以工学院增设实习工厂，接受外间委托制修物件，使学生参与实际工作，收效最多。盖自二十六年秋，迄二十七年春，长沙临时大学时代，学校情形，可谓最坏。校舍一再迁移，师生转徙数千里，其间颠沛流离，困苦难状。经两年来之惨淡经营，校舍既定，设备渐充，学生程度，亦年有进步，三校原有之精神，已潜滋默化融洽于整个联大之中。斯琦于叙述学校情形之余，所至感欣慰者也。

三

至清华之事业，五研究所（农业、航空、无线电、金属学，及国情普查）之成立，已于上年报告中，略述梗概。一年以来，各所工作，均极努力，各有若干之成就，其进行之详细状况，将逐次在《校友通讯》上发表，兹不赘述。吾人常以为学校之任务，在为国家培育人才，然培育人才，未可咄嗟立办，而我国家又正值需才孔亟之秋，吾人于此在推进各研究所工作外，就政府需要，与有关部分，合办二事，一为云南水力之探勘，一为公路研究之实验（一为资委会，一为交通部），斯二者由合办机关供给一部分经费，本校则贡献其人才与原有设备，合力进行。前者已获有相当结果，并为有关机关采用，后者虽开办未久，工作颇为紧张，预期于将来公路修造问题上，必能有所贡献。清华留美公费生，自二十六年夏停止考送，瞬将三载，以前四届派赴欧美学生，皆将陆续期满归国，吾人固知抗战期间经济之困难，吾人尤知建国事业需才之迫切，不及今储才备将来建国之用，后将有才难之感。爰于今春请准政府，自今年起，继续招收留美公费生二十名。考选门类，及一切章程，均已拟妥，定于今夏八月举行考试。此外更自今夏起，加设留美自费研究生奖学金十五名，每名年给奖金（美金）四百元。凡此虽当学校经费不裕，外汇难得之际，皆以仰体政府求才之殷望，勉继吾校三十一年以来所负之使命耳。虽然此究需费较巨，名额有限，效用未宏，揣诸实情，亦非长久之计，本校为此，爰自二十八年夏间恢复研究院，裨一般大学生有深造之机会，除原有各部门外，文科研究所：（一）中国文学部，（二）外国语文部，（三）哲学部，

（四）历史学部。理科研究所：（一）物理学部，（二）算学部，（三）生物学部，更增加工学院之土木、机械及航空、电机三部，去夏共收新旧生二十五名，政治经济二部及化学部，则因设备未完，暂未招生，今夏当视各该部情形，酌为恢复。

四

  清华本身事业，具如上述，其有为各地校友经办之事业，而又经本校赞助者，如贵、渝、蓉等地之私立清华中学是，原各地清华中学其经费组织，皆由各地创办校友，着手进行。经过相当时期，办有相当成效，经本校酌于可能范围（不牵动本校经费预算）予以人力物力上之帮助。本校历届招考新生，投考者累千，录取不逮什一，一般中学程度之低落，无可讳言。夫中学阶段，为学校教育之中坚，大学之基干，此而未臻健全，此而或有缺陷，大学教育，实未易推进，我各地校友，本此方针，致力于中学事业，斯琦所最感兴奋而极愿予以赞助者。虽然，此数中学者，皆创立于抗战军兴之后，后方中等学校之需要，骤形迫切，同学诸君为济此需要，毅然为之，不畏困难，刻苦维持，与此抗战精神，同可钦佩，但一旦战局平复，各地情形，在教育需要上将大有变更，则此数中学，应否皆继续维持，而自人力物力方面言之，能否皆继续维持，凡此种种问题，不可不于今日辛勤推进之余，一为念及者也，虽然，吾人做事，手已把犁，义无反顾，在今日只有奋勉前进，成败听之将来可也。

1940 年

抗战期中之清华（二续）

自本校迁来昆明，瞬逾三载，前昨两年，琦曾将本校在抗战期中之大略情形，写成《抗战期中之清华》一文，揭载《校友通讯》上，想我校友诸君当已阅及。兹忽忽又一年矣。抗战前途，日趋胜利，而本校之成立，亦届三十周年，吾人缅怀往昔，体会来兹，宜如何兴奋而愉快。窃愿仍循往例，在此校庆日，将过去一年间之本校大略情形，写成《抗战期中之清华（二续）》一文，再为我校友诸君告焉。

一

清华园情形，过去一年中，几无报告前来。沦陷三年零八月之校园，尽为敌兵占作营房马厩，虽未能尽夷为废墟，要已荆棘满地，他日胜利归去，纵金瓯无缺，修葺补罅之功，将亦煞费经营矣。再本校在长沙岳麓山麓之建筑，原为特种研究之用，经始于抗战之前，嗣因临时大学成立于长沙，稍加扩充巨厦六幢，先后于二十七年春初完成，而临时大学又迁昆明，遂未住用，仅堆积少许器物而已。乃敌机既于二十七年四月轰炸一次，震坏楼顶数处。复于昨岁九月三日及今年三月三日，两次对此空屋，大举投弹，巍巍建筑，屹立如故，仅东楼墙角略受损伤及少数窗门间有破坏，旋即酌予修复。敌人之摧残我教育，此不过其一端，而我长沙校舍倘非借兵麓为之屏障，则其所受之摧毁，恐必不只于此也。本校在昆明年来亦有小部建筑完成，为农业研究所、无线电研究所、金属学研究所之用，地点在昆明北郊，房舍皆为简单平房，只以使各项研究工作在城郊得以稳定进行而已。

二

本校与北大、南开合组西南联合大学——初为长沙临时大学——自二十七年春间，迄今恰已三年。联大情形，院系组织，一如昨岁所述，五院二十七学系，学生人数，增至三千人，在敌人进占安南，滇境紧张之日，敌机更番来袭，校舍被炸之下，弦诵之声，未尝一日或辍，此皆因师生怵于非常时期教学事业即所以树建国之基，故对于个人职守不容稍懈也。自昨岁秋间，因滇边紧张，联大奉到准备迁移之令，经二三月之筹划，乃于四川叙永勘定校址，作一年级新生（近七百人）上课之地，是为联大分校；二三四年级学生仍在昆明，除工学院仍在城东迤西会馆、江西会馆及全蜀会馆外，文、理、法三学院，均集中于自建之新校舍内上课，总办公处亦于去冬迁至新校舍，惟师范学院自去年十月旧址被炸后，迁于昆华工校新楼之东区，凡此各部校舍，类多因陋就简，但于图书馆，系图书室，实验室等部，则尽量使之充实，以使教学工作维持相当水准，不因环境困难，而草率从事也。此外联大研究院，仍由三校依分工合作之旨，负责办理，清华部分，计设国文、外国语文、历史、哲学、物理、化学、算学、生物、政治、经济十部。本年计有新旧研究生二十四人。工科之土木、机械、电机三部，亦于二十八年夏设立，但去夏投考者，成绩较差，未予录取，故本年未有研究生。

三

清华自办之事业，五研究所次第成立（农业、航工、无线电、金属学及国情普查）亦有年矣，工作计划，逐步实施。此五研究所者，皆为我国家迫切需要，故不仅吾人本身兢兢业业，不敢稍懈，即社会人士所期望者，亦至弥切，惟以研究之事难期速效，且有涉及国防，未便缕述。兹可得而言，且为各研究所去夏报告所未提及者，国情普查研究所之《呈贡人口及农业调查》初步完成，近又推广及于邻县。农业研究所之《云南经济植物之病害调查》亦告竣事。航研所近与中研院气象研究所合作，对于昆明附近高空气象进行探测。此外另与政府有关机关合办二事，一为云南水力之探勘，一为公路研究之实验。前者已勘妥一处之水力为有关机关所采用，另做其他一处之探勘矣；后者，初步研究，已有相当结果，现方拟进一步作较大规模之实验。凡此仅由合作机关供给一部分经费，本校则贡献其人才与原有之设备，政府最近曾命令各学校应就学校所在地，尽量与当地有关机关合作，以本校过去经验言，此实事半功倍之举，今后本校仍当尽其所能，以增进其贡献于国家于社会。

四

清华留美公费生，昨岁八月举行招考，是为二十六年停办以来之第五届。办法一如往年，先由校呈部，组织考选委员会，委员九人，除本校校长任该会主席外，另聘本校教授三人，校外专家四人，及部派代表一人；所有考试规则、录取标准，以及各科命题阅卷之人选，悉由该会决定。至命题阅卷者，计共须聘四五十人。但除国文、英文由本校教授评阅较为便捷外，在其他门类科目，则尽量向校外征聘。本校教授参与评阅者，仅占三分之一。考试地点初拟分港、渝、昆三地举行，旋因敌人进占安南，港地积极设防，疏散居民，本校只得将香港一因临时取消。为便于平、沪一带应试者得转地应考，特将报名期限展缓两周。在考试时，渝区曾遇空袭，幸事先有所准备，得能按时考试。两地应考者共四百余人，考后因命题阅卷人散居各方，邮寄又多迟缓，各科试卷，于今年二月中始全部汇齐，比即开会决定，录取汪德熙等十六名，其中造舰、枪炮、水力发电、航空（发动机）四门，因应试者全部成绩欠佳，暂付缺如。录取各生，已分别为聘定导师审定计划，希望能在本年六七月间赴美，此十六门录取名单另载本刊《通讯》中。留美自费生津贴办法自去夏试行以来，申请者甚多，成绩优良者亦复不少，但因限于名额，未能尽予津贴，至感遗憾。溯自二十八年一月，政府将庚款暂行停付，本校经费只以基金利息拨充，收入因而锐减。而自去年仍行恢复考送留美公费生及津贴留美自费生二事者，实因自抗战以来，专门人才，需要迫切，而清华派遣留美学生，向为其特殊事业之一部分，故虽在经费困难，乃至借款补充之今日，不得不勉力筹办，以符政府之期望，而应社会之需要耳。

五

由本校校友主办之清华中学，已详具昨岁所述，现下计有重庆、贵阳、成都三所，皆经过相当时期，办有相当成效，本校酌于可能范围（不牵动本校经费预算）并斟酌各所情形，予以人力物力上之帮助，而三处校友，亦能协力同心，培此基础未固之中学，至堪嘉慰。最近桂林同学分会、西安同学分会，先后提议各就所在地举办中学一所，各地同学热心当地教育事业，此实最好现象，允宜力予鼓励。惟琦以渝、筑、蓉三地中学经过之困难，不能不提示桂林、西安两地同学，请于着手举办之先，对于经费、校址、校董人选三者务须有充分准备。经费不充，则无以为继；校址不定，则学校难久；而校董人选倘无地方上热心人士参加，则校务亦不易维持。故愿诸同学详慎考虑，倘对以上三点无十分把握，切勿轻于尝试，否则今日之一片热忱，反造成来日之困顿，诚可惜也。昨岁昆明同学分会，提出"一个建议"，揭橥六端："（1）如何策应建国大业；（2）如何团结校友；（3）用新的方式发展同学会；（4）把学术研究结果付诸实施；（5）我们可做事业；（6）我们如何去做。"其详细计划，刊在《校友通讯》六卷十二期上。又渝、筑两地同学分会为母校成立三十周年又值周寄梅先生六十大庆，及琦服务母校二十五年，倡导征募六十万奖学基金运动。凡此二事，规模较大，允宜经全体校友共同商讨。琦所能在此致其一己意见者，则来年校友诸君，多能致力于福利社会国家之事业，同学会原为联络同学间感情之组织，兹欲借此组织在联络感情外，举办如许巨大计划，此实创同学会未有之先例，此实扩大同学会之功用，用意实可佩慰，惟所应熟虑者，以目前国内交通情况，抗战局面最近尚难结束，以及各地校友经济之困难，此种计划稍缓时日以图之，似更易于成功尔。

六

纪念母校成立三十周年。

母校成立，今年恰为三十周年。琦自一九〇九（宣统元年）年，应母校第一次留美考试，被派赴美，自此即与清华发生关系，即受清华之多方培植。三十二年来，从未间断，以谓"生斯长斯，吾爱吾庐"之喻，琦于清华，正复如之。今日清华校园沦陷在敌骑之下，举校同人流离于西南边隅，勉强工作，北返无期，偶一回思，心伤靡已。值母校成立三十周年，允宜扩大庆祝，但国难校难，夫何庆祝可言！无已，则惟有吾辈工作之努力，作母校纪念之贡品，爰与同人商定恢复本校原有之四种刊物：一、清华学报，二、理科报告，三、社会科学季刊，四、工程季刊。另于纪念日前后，举行一周之学术讨论会。凡此措施，一以尽吾人学术救国之责任，一以寄对于母校之忧思耳。纪念之日，各地同学，当均有集会，希于欢庆之余，亦各以尽力职守之决心，作贡献母校之最上礼品，则他日母校之光荣，其清其华，不系乎一园之水木矣。

1941 年

抗战期中之清华（三续）

抗战军兴，我校避地南迁，于今为第五年；我校于昆明举行周年纪念，此次亦为第五届，且可望为最后之一届。盖去年十二月八日太平洋战事之开始，实为我国抗战胜利之转机；而旬日前东京之轰炸，亦即敌人势力崩溃之肇端。则一年之后抑或半年之后敌我消长之势必更大见，而我军修复燕京之日，当亦即我校重返故园之时，然则明年此日，此跄跄跻跻者安知不重见于水木清华之工字厅耶，言念及此，已不禁"漫卷诗书喜欲狂"！兹将我校一年来之校务，为我校友诸君做一简短之报告，曰："抗战期中之清华"者，仍其旧也。

（一）故园之情形

据最近由平南来校友叙及，清华园仍为敌人占作伤兵医院。大礼堂中一部分之座椅最初曾遭破坏，逮敌人亦用以为集会之所，始不再续予损害。图书馆之出纳部分为会客室，阅览室为食堂，书库内藏书，西文书之贵重部分被抢一空，运往敌国，中文部分近年出版之各种期刊，悉遭焚毁。其他中西典籍，于去秋扫数移至伪北京大学，于是满架琳琅之书库，已告一空矣。生物馆之东半已沦为马厩，后进课室为酒排间。化学馆所受摧残最烈。工学院全部机器，被运去南口修理厂，专供敌人修械之用。新南院住宅区，竟成妓馆。旧工友零散，留者仅二人，旋被逼一再输血，死于非命。去年中条山之役，敌人自该区掳去我军官数人，现亦囚于园内，再三被逼作无聊之广播。凡兹所述，当不逮真相之什一，已足以令吾人痛心疾首矣。

（二）播迁期内之学校建筑

本校长沙岳麓山麓之建筑，去岁第二次第三次湘北会战时，均遭敌机投弹，略有损坏，但已次第修复。他日者，校友倘道出长沙，参观若干次伟大之战绩，我岳麓山麓之校舍，亦足供诸君之盘桓也。本校在昆明西北郊之建筑，一年来亦略有增益。现研究所第一部之大部分，及第三部第四部之全部，均在彼工作。去年又复在东北郊建屋数椽，专为研究第二部之用。本校办事处所租用之民房一所，昨岁八月十四日，敌机狂炸联大新校舍及昆明西北城一带，办事处四周落弹甚多，其东院为余与家人分住者，直接中一巨弹，致全部倾圮，私人什物亦略有损毁，西院之办事处，被波及者，仅门窗屋瓦及一部分墙壁，公物均获保全，诚不幸中之大幸。该院各屋旋经修复，仍勉敷各部办公之用，办事处之移设于此，于今亦且三年余矣。今人每好言迁地为良，苟不知其为良实不若不迁之为愈也。

（三）西南联合大学之情形

西南联合大学由五院二十七学系，及其他部分组织而成，一如昨岁所述，无烦再赘。本年学生人数，将及三千人，原在叙永之分校，亦于去秋因一年级生归来升学之机会，全部移回。自敌人进占安南，昆明已由后方转成前方，迨太平洋战起，星洲沦陷，敌人进窥缅甸，昆明局势益见紧张，然而幸职教同人均能闹中取静，持之以恒，故一切计划，尚能按步进行。师生之一部分且能抽暇直接间接为抗战工作努力。同学中应征入战地服务团及航空学校者，为数亦复不少。由西南联合大学毕业之学生数，四年来亦年有增益，去夏毕业者共三百零六人，而由清华毕业者，去年亦有九十一人。

联大之研究院系由三校各就原设所部招生训练，在清华所部者本年共有三十一人，在书籍仪器极度缺乏下，学生研究精神，尚属良好。窃念目前海外交通困难，大学生毕业后欲求深造者，将惟国内各大学研究院是赖，如何充实研究院之师资与设备，实为校中要图之一。最近教部允拨联大二十四万元作研究院补助费，清华方面亦拟筹拨二十五万元作三校研究补助之用。联大同人之研究工作，可有更多之进展矣。

去年八月十四日，联大自建校舍遭敌机大批轰炸，落弹至数十枚之多，其间凡常委办公室及事务组，出纳组，图书馆书库一部分，理院试验室数间均被炸平，学生宿舍亦有四分之一被毁，经月余之赶工修理，幸终能于预定日期内照常开学。去年八月十日至十五日为敌机进袭昆明最猛烈之时期，而十四日一日专为摧毁我联大而来，但除校舍一部分被毁外，师生数千人均经安全疏散，无一死伤，诚大幸。

联大自建校舍，容量有限，工学院仍在城东，租用会馆三所，师范学院租用昆华高级工业学校校舍，一年级新生租用昆华中学新建校舍之一部。工学院而外，文、理、法、师范四学院现均集中于西北郊，尚感便利。

（四）本校于参加联大外之事业

本校所设立研究所，各按既定计划，逐步进行，大致具如昨岁所述。

研究第四部国情普查部分，今年接受内政部一部分经费补助，与本省民政厅合作，组织一户籍示范委员会，举行环湖四县一市人口普查，动员昆明全市及四县县内小学教员，先予初步训练，继则着手调查。目前调查已将完毕，统计工作即将开始。此项比较大规模人口普查与人事登记，所及人口多至七十万人，在国内尚属创举，将来所得结果，将拟具详细报告，提供内政部。为他日举行全国普查与人事登记参考资料。其他各所研究工作，均照常进行，惟图书设备添置困难，不能有充分之进展耳。

本校派送留美公费生，二十九年秋恢复举行招考一次，是为第五届，计录取十六名，已于去夏遣送出国。其中仅两人，一因砂眼，在港疗治，一因由闽去港，道路迟滞，值太平洋战事骤发，致均未得成行。第六届考试，本拟于今年继续办理，一切组织门类，均经教部核准考试日期及地点，并已登报通告，旋亦因太平洋战事发生，只得展缓举行。

自美国封存各国资金后，本校大部分美金全陷冻结，待太平洋战起及我国对日宣战，本校所赖以维持之基金利息，已告断绝。近年来，本校经费一部分即赖借贷维持，现下全部将唯借款是赖。凡此情形，自须待战事结束后，始能重加调整也。

（五）校友举办之清华中学

我渝、蓉、筑三处校友热心举办之清华中学，现均颇着成绩。昨岁起，成都清华中学首班毕业生，已有应考联大者。重庆清华中学在该区中学内，曾获得数项奖励。贵阳清华中学经周寄梅先生之热心创导擘划，经费比较稳固，自建校舍，亦已大都完成。三处清中，皆有三四年以上历史，基础已立，亟须培养，所望我渝、蓉、筑以及热心中等教育之校友诸君，仍本过去提倡与维护之精神，继续努力。最近由渝区校友分会发起之百万基金运动,现正分头劝募中。琦昨岁曾言"经费不充则无以为继",我三处清中,仅贵阳一处,基金稍裕,渝、蓉两校,似很拮据,故百万基金运动,明知在今日不易劝募,然为该校前途计,不可不努力以促成之也。上海校友会发起之寄梅教育基金劝募运动,自必乐予赞助,踊跃解囊,有不待琦之烦言者。

(六)去夏川行经过

去岁琦因联大校务入川视察,曾在川境旅居三月之久,沿途于重庆、泸州、叙永、李庄、叙府、乐山、峨眉、成都、内江等地,各作数日之勾留,得与当地校友欢晤,借知各校友最近在军、政、学、工各界之努力,至今引为快慰。各地校友亦殷殷以母校播迁期间之情况见询,其关切之情绪倍逾曩昔。琦因念及我校同学会之组织尚未臻巩固,今后应使团结更趋健全,消息更趋灵活,事业合作,更能收效,亦当前之一大问题也。归途本定取道贵州,藉与遵义、贵阳一带之校友一图良晤,因交通关系,卒未如愿,惟有待于来日矣。

(七)三十周年纪念会之余韵

去年我校举行三十周年纪念会,循国外大学先例,曾函达国外较著称之大学,截至去冬为止,接获贺函贺电凡四十余件,其中奖励之词固多,而情意关切多方勉励者亦不一而足,尤以牛津之来函为最恳挚,美国大学来函中有"中邦三十载,西土一千年"一类语气,盖亦极言我校进步之速。实则在以往三十年中,我校对于吾国教育、学术、文化,究已有几许贡献,此我校同人于聆受奖许之余当更加惕励者也。此项函电,将来俟印刷较易举办时当汇印成册，以作纪念。

（八）校友陈三才君为国牺牲

最后尚有一事，虽至可悲，不得不向校友诸君报告者，即校友陈三才君之殉国是。陈君以前年殉国，然因真相未明，不及于去年报告中及之。三才系江苏吴县人，为本校旧制一九二〇级级友，民国九年留美后，为麻省渥斯德大学电机系高材生，得有电机工程师学位。民十四归国，在上海工商界历任要职，一·二八之役，以及八一三沪战开始后，参加救援工作不遗余力。及汪逆叛国，设伪政权及南京，陈君在沪上以为巨奸苟除，群丑自败，遂决心图谋暗杀，不幸机密泄漏，功败垂成，卒至以身殉国。陈君于民国二十九年七月初旬，被汪逆党羽绑赴南京，备受刑毒后，于十二月二日被汪逆枪杀于南京雨花台。陈君殉国之经过，大要如此。我校校友于抗战期内杀身成仁者，以陈君为最著，亦以陈君为最惨，今后应如何于文字上及事业上纪念陈君，永垂久远，一部分校友正在筹划中。鄙意事平以后凡校友为国家抗战直接间接捐躯，而校中应有一伟大而永久之纪念物品以慰英魂，以励来者，所望各位校友随时随地留意访察，倘有所闻，希以见告。其作奸附逆者，当亦有人，亦应给予相当之处置，但吾人深信前者大光辉，足以掩后者之污点耳。

1942 年

抗战期中之清华（四续）

上一年校庆的时候，我因事滞留在重庆，一年一度在《校友通讯》上和诸位相见的《抗战期中之清华》，竟因此间断了一年。时间真过得快，自七七抗战算起，马上就是七周年，我校迁来昆明，于今恰满六年。我们面对着战争，我们在战争里生长，我们相信可以获得最后胜利，我们是临深履薄，兢兢业业的谋所以把握着胜利。当兹第三十三年校庆，在向我全体校友报告校务之前，我以坚决的态度，要求我全体校友各在其岗位上加倍努力，使盟国与国家的胜利，早日来到。

一

故园情形，过去两年，渺无消息，在敌人盘踞之下，殆亦不堪闻问。历年向诸位曾经报告到各院所建筑以及设备仪器等等被破坏的程度，但似乎没有提到图书馆和书库的情形，近据第十六卷第一、二期合刊《中华图书馆协会会报》内刊载：

"清华大学图书馆，被占用后，即作为病院之本部，除新扩充之书库外，其他部分，殆全被利用，楼上大阅览室为普通病室，研究室为将校病室，办公室则为诊疗室药房之类。病者多系骨伤，故病室多标为'骨伤病室第几××'等字。各阅览室、研究室、办公室内之参考书及用具，多被移集一处，有移入书库者，有焚毁者，亦多有不知下落者，例如大部参考书，如大英百科全会（书），韦氏大辞典及打字机之类，无一幸存。迨至今年（三十年）五月中旬，日本华北军司令部（多田部队本部）始有整理清华图书、标本模型之议；二十九年底，满铁北支经济调查所，及华北交通会社，即有整理清华图书之倡议，因故未成事实，并拟有规程四种：（一）押收图书，标本，模型整理中央委员会则；（二）北京清华大学押收图书，标本，模型整理实施要领；（三）押收图书，标本，模型整理要纲；（四）押收图书，标本，模型整理实施要领（以上均日文）。同时指定得参与之机关七处，及各机关得遣派之整理员若干名（略除），于五月十四日起，即开起整理。关于图书馆方面，各机关所担任之部门如下：（一）多田部队本部：总记辞典，卫生，建筑；（二）兴亚院华北联络部：政治，外交，法制，移殖民，文化关系；（三）华北政务委员会：灾害关系及联络部分产业之一部援助；（四）新民会：禁书关系；（五）'满铁北支经济调查所'及'北支那开发株式会社'：地志，一般经济及产业，财政，金融，社会关系；（六）华北交通株式会社：交通，治水，运输关系。其整理手续，系先按门类依次排架，然后再行各按所需，从中挑选，只以年来书库内无人清理，且他处书籍之移入书库者，率皆随意业置地上，因之书库内，颇形凌乱，而窗破之处，亦所在多有，以致尘土积封，蛛丝牵挂，故整理上，亦煞费手续，直至七月初始行藏事。风闻此次整理清华图书之目的，及参与斯事各机关，原可各就所需，携归私有，故挑选时，争先恐后，不遗余力，费时数周，始可选竣，嗣因他故，遂罢前议。后又拟将清华图书，全部寄存北平近代科学图书馆，该馆馆长山室三良氏曾往清华视察一次，以数量过多，该馆无地容留，乃又作罢。至此始有将各机关所挑选者寄存现代科学图书馆，余者拨交'国立北京大学图书馆'保存之议，几经伪教育总署（华北教部今称）与日方磋商，始成事实。除关于军事图书若干，禁书（抗日、共产、马克思，社会等主义，国民党及国民政府宣传品，及反新民主义图书）约一万册，各机关所选图书（其中以方志及应用科学图书为多，方志一本未留）约四万册（内中多有以一函为一册者，故确数当不止四万册），于七月十五至十八日之间，由军部、新民会及近代科学图书馆分别运走外，拨交北大者，约二十万册，于七月三十一日始行搬运。除教署、北大，及清华保管处，均派有多人从事料理外，并雇有夫役数十名，负装卸搬运之责。每日雇用汽车五辆，每辆约载二千册，每目运送两次，至八月二十一日，始全部运完。此外书库第一二层钢架，北大本拟拆用，嗣以与上层之鼎力有关，拆后恐至坠落，遂拆用第三层之钢架。北大分得十八列（每列十格，每格钢板七层，双长，合每格钢板十四块），近代科学图书馆分得十列，新民会分三列，日病院留一列。钢架以外，尚有全部目录柜，亦由北大取走，又书档六千余个亦归北大所有，至此，历史悠久，宝藏丰富之国立清华大学图书馆，其寿命遂告终焉。"至此，整个的清华园，实质上已被破坏净尽，我们只有等胜利来临，再与敌人清算这一笔账。

二

自民国二十六年以后，至于今日，学校本部，暂不单独生存，初则与北大、南开在长沙合组临时大学，移滇后，又合组为国立西南联合大学，前后已将七年。联合大学计分五学院二十六系，电讯专修科，初级部，先修班。学生人数几三千人。校舍除自建一部分外，工学院，师范学院，尚系租赁房屋，十分局促。图书仪器，各项设备，至感缺乏。

在此非常时期，我国虽没有像英美一般的停闭若干大学，好教大部分的员生直接间接的参加作战，但本校在此时期，于照常教学外，尚能顾到国家抗战期内在人才方面的种种临时需要。六七年来，如国家需要某项人员，为大学生胜任者，必令学生踊跃参加，教员从旁襄助。如二十七年春，政府发动训练机械部队，我清华工学院二三四年级生，几全部参加交辎学校受训，并于受训后，分赴各地工作。三十年，三十一年，美志愿队来华及我军远征，均需要通译人员，联大学生之参加是项工作者，占全数之百分之二十二强。迨三十二年秋，盟军大量到华，通译人员，需要陡增，联大更动员全体四年级学生，以应急需，教员之自动参加帮忙训练者，达十余人。

清华研究所，现有文、理、法三所，共十二部门。文科研究所下设：中国文学、外国语文、哲学、历史四部。理科研究所下设：物理、化学、算学、生物、心理五部。法科研究所下设：政治、经济、社会三部，共有研究生四十二人，为研求高深学问，本校虽在经费极拮据下，亦乐于继续进行。

清华留美公费生考试，原为本校特种事业之一，南来以后，曾举行一次，是为第五届，去年八月复举行一次（第六届），分成都、重庆、桂林、昆明四地考试，四区报考人员，共三百七十余人。共分二十四门类，共应录取二十四人，试卷大致评阅完毕，仅差一门，付邮在途，尚未到达，兹已将各项手续办理如式，俟该门试卷送到，即可召集会议，当众揭晓。此项留美考试，如将来财力允许，希望能继续进行。

三

本校除参加联大以外，尚有五个特别研究所。这五个研究所，事实上包括七个单位，工作同人六十余人。农业、航空、无线电三所，皆着手于抗战以前，国情普查、金属学二所，来昆明以后，才分别成立。这五项研究事业，均系针对着国家迫切需要而设。六年以来，在同人努力之下，多少都还有一些贡献，现在将各所情形，及工作状况，举要写在下面：

（A）农业研究所病害组：原定研究计划中共有十余个项目，其中一部分业已结束，一部分尚在进行，此十余项目可归纳为：（1）抗病育种；（2）病原菌生理分化研究；（3）植物病害研究；（4）真菌分类研究；（5）出版刊物。

（B）农业研究所虫害组：该组因为国内昆虫学专门人才的缺乏，故自成立以来，即以训练专才为中心工作。工作范围包括应用与纯理两方面，应用方面，涉及农林、医学、工业方面的种种问题，纯理方面，分昆虫天敌与分类研究。（1）稻螟内疗防除研究；（2）果树钻虫防除研究；（3）松虫内疗防除研究；（4）疟虫感染率之测定；（5）家蝇天然防除研究；（6）紫胶培植应用研究；（7）白蜡虫卵缓孵研究；（8）昆虫天敌研究；（9）幼虫分类研究。

（C）农业研究所生理组：工作程序分为三期，工作范围，也分应用与纯理两方面。关于纯理方面：（1）新陈代谢及生物氧化程序之研究；（2）生物之生长及发育之研究；（3）生物感应性之研究，关于应用方面；（4）利用植物原料以制工业成品；（5）桐油之生理及利用；（6）以电解方法制造各种有机药品；（7）出版刊物。

（D）航空研究所：该所于两年前，由昆明北城迁到昆明东郊白龙潭，其设在嵩明之气象台，最近迁至白龙潭。本年工作，在应用方面：（1）为滑翔总会制造初级中级滑翔机；（2）航委会及中央气象局委制水银气压表；（3）第一飞机制造厂委托实验 E－16 飞机模型之改良；（4）日新滑翔社委托实验滑翔机翼剖面模型；（5）试验 630 号机翼剖面之性能。在研究方面：（1）设计直升飞机；（2）试制三层板；（3）研究牛胳胶及其他胶类；（4）制造试放无线电高空探空仪；（5）研究紫胶；（6）研究风洞扰乱度表；（7）研究飞机制造材料；（8）建造布置航空陈列馆。

（E）无线电研究所：除一部分仍继续以往工作外，在研究题目上，各有更改，以适应国外技术的新发展和国内的新需要。近两年来的研究工作如下：（1）氧化层阴极之发射；（2）调速电子管超高频振动器之研究；（3）新式无线电测位器之实验及试造；（4）氧化铜整流器；（5）栅柱对于束射之贡献；（6）短波定向仪；（7）粉碎铁心之制造；（8）轻小铅蓄电池之制造；（9）超高频电波产生之新法；（10）荧光现象及冷光灯之试造。最近该所又与中央电工器材厂订定技术研究合作办法，从此，和目前工业上的实际问题，有了进一步的关系。

（F）国情普查研究所：该所近两年来，经与内政部云南省民政厅，及云南省经济委员会合作，从事于云南省环湖市县之调查，结果已编印成《云南省户籍示范工作报告》一种。其他完成的研究为：（1）呈贡县农（业）普查；（2）呈贡县社会组织；（3）呈贡县汽车路的研究；（4）近代中国国势普查（Toward a Modern Census in China）。尚在进行中的研究，则有：（1）滇省三县社会行政；（2）呈贡及昆阳人事登记。所中同人个人的分题研究，则有：（1）各国及中国人口普查方法的研究；（2）我国人事登记制度的研究；（3）我国战时移民运动与社会变迁；（4）农民家庭的出款与入款；（5）昆明农民的阶级流动性；（6）呈贡县的民风。

（G）金属学研究所：该所在进行中的工作如下：（1）配合 X - 射线数据决定晶体构造之新法；（2）由 X - 射线的相对强度，决定晶体的第二种熄灭系数；（3）锌锑合金单晶之制成；（4）一系高热电压合金之发明；（5）锌锑合金之 X 射线研究。为适应实际需要，该所对于采矿冶金的技术问题，亦随时加以注意，同时帮忙各矿业机关解答诸种疑问。

四

去年秋天，本校同人，又以其教学余闲，创办了一个清华服务社，开办之初，为了征募股本，曾和全体校友通过一次信。截至去年十一月止，共集股百五十余万元。半年以来，机械工程部，机制木材组发展特别迅速，单单为供给美国陆空军供应处建筑材料一项，营业数目达数千万元之巨，各锯木厂彻夜工作，尚有供不应求情形。他如应用化学部，化妆品制造厂，牙水、发油已在市上流行。农艺部，除碾米厂外，增设酿造组，制造味精酱油及普通酱油等等。服务社共分八部三十三组，去年结算，自六月至十二月终，盈余约二百万元，一面可以调剂本校及联大同人生活，一面可以帮忙社会生产，在这个抗战期中，本校同人，可算各尽其力了。

五

清华校园的情形，联大状况，本校各研究所的事业，简略的向诸位报告过了。抗战期中的母校，虽失去了美轮美奂的校舍，虽颠沛流离的偏居在西南一隅，一切的教学研究，总算勉强照旧进行，从未间断。还有不属于本校而由于本校校友举办之渝、蓉、筑三地清华中学，近两年来，也都有一些进步，也都有了固定校舍。渝清中一再受嘉奖；筑清中并经蒋主席[①]誉为模范中学；蓉清中亦经川省教育督导团特予嘉许。三处中学，全赖三地领袖人士及校友的支持，才有今日。而他们都印有学校概况，可以索阅。

---

① 蒋主席：即蒋介石，时任国民政府主席。

　　近两年来，我个人曾几度到过四川，一度到过贵州，随在可以遇到我们的校友，他们一秉"厚德载物，自强不息"校训，努力他们的职务，真令人十分感奋。《校友通讯》虽未能按期出版，亦未能时常出版，但本校于去年四月设了个"校友通讯部"，负责校友间的联络，答复校友的询问，希望散处各地的校友，都能以最近状况函告；对于有校友分会的各较大都市的校友，如重庆、成都、北碚、泸州、贵阳、遵义、柳州、桂林、砰石、长汀、泰和、西安、洛阳等，更希望由各分会干事，将各分会最近的会员名录寄来，如能在本年六月以前全部寄到，当交校友通讯部汇编成一种"抗战期中清华校友通讯录"。印好后分送给各地校友，为了使校友的消息更趋于灵通，结合更趋于巩固，还似乎是不能少的。

　　　　　　　　　　　　　　　　　　　　1944 年

抗战期中之清华（五续）

我校举行校庆，于兹为第三十三届，而自抗战播迁，亦已为第八届。目前西欧战场即将结束，东亚战场亦与胜利日益接近，本校于斯时举行抗战期中第八届校庆，吾人追怀往事，感慨靡穷，而瞻念前途，希望亦自无限，胜利到来之前，尚有最艰巨之一段，自尚需吾人最后之加倍努力，琦所希望我全体校友者，亦曰百尺竿头，更进一步而已。琦仍循往例，将本校过去一年间各方面情形，当我校友诸君述之。

一

故园情形，渺无消息者，已数年矣，昨岁曾于中华图书馆协会会报见到关于本校书库中图书被掠夺经过，至仪器设备，则久已荡然无存，时至今日，揣想园中景况，恐更将兴"无复旧池台"之感，他日胜利归来，总须逐一补充修理。本校在长沙岳麓山南麓之建筑，昨岁湘战再起，在保卫长沙战中，被包围在炮火圈内，嗣后长沙沦陷，在敌人占据之下，该建筑遭破坏至何程度，亦尚不可知。故园新址，同遭厄运，尤使吾人未能一日去怀。所幸抗战结束，为期已近，一般建国工作开始之日，亦即吾人复校努力实现之时，刻已与同人在切实计划之中。

二

我校与北大、南开合组之西南联合大学，顺利进行，于兹已七足年。自来昆明，虽迭经战事威胁，幸均化险为夷，未遭再度殃及，似此小康局面，谅能维持至抗战结束。属于三校学籍之学生，皆相继毕业已去，由联大毕业者，逮今年夏，亦已四班，计共一千五百余人。校内情形，大都如旧，惟自年来物价飞涨，同人及学生生活，极度困难，最近二三月，窘迫尤甚，同人住舍问题，亦因房价之增加而形严重，去秋幸得借款若干，建筑及改造小房若干幢，作教职员眷属住宅之用，但此不过局部之解决耳。学校设备，因四五年前稍有添购，各方亦偶有捐赠，尚勉敷教学之用。为求实验工作之进行，往往出诸以有易无办法，将学校剩余无用之物售出，购取学校迫切需要之化学药品及其他资料，惟为量不多耳。图书方面，固甚感缺乏，数年前曾得教部拨款订购，但仍未运到，近来幸得英美人士，时有捐赠，稍济渴望。联大学生从军服务者，包括译员在内，颇称踊跃。三年以来，应征及志愿充任译员者，共四百余人，最近加入青年远征军及空军者亦二百余人，成绩都甚良好，学校除予以鼓励外，并予以种种便利，以便青年报国之志，得以表现。

三

本校五特种研究所，年来工作情形，兹举要报告如下：

A. 农业研究所

一、病害组：抗病育种。此项研究素向三方面进行：（一）育种，（二）测定作物品种之抗病力，（三）鉴定病原菌之生理小种。所获结果，已载历年报告中。本年度之工作，系将以往工作做初步之结束。兹将所获结果，分别报告如次：

（一）育种——决定繁殖品种，本年度之大小麦及黄豆均在第三年之高级试验中，历年保留做试验之品种，仍较标准品种为优。

（二）测定作物品种之抗病力——在鉴定病原菌生理小种实验中，曾将各作物品系分别作抵抗各生理小种之测验，现已获得抵抗力极强之品种若干，可利用作杂交育种之材料。

（三）鉴定生理小种——已经鉴定生理小种之病原菌凡七种，详细结果，已缮成报告待刊。菌类研究——关于藻状菌之研究，本年度发现一新属，已撰成报告待刊，其他水生藻状已经鉴定者，共计三十八种。历年在滇所采，以及川、甘、豫等省寄来之白粉病菌，经鉴定有新种二。锈病菌标本，经鉴定者达六百号以上，得锈病菌二百一十三种，多为我国之新记录，内有新种二十五。其他关于伞菌之研究，已陆续撰成报告，在英美发表。

二、昆虫学组：除训练专门人才外，研究工作应用纯理并重而尤致力于以实验方法研究各项问题。应用方面，以与农工医有关之问题为范围，纯理方面，则以昆虫天敌、幼虫分类、昆虫染色体数等研究为主题。兹将主要研究问题简述于下：（一）稻螟内疗法，此项研究已获初步结果，现将加以扩充。（二）疟蚊唾液与疟原虫配子母细胞之关系，目的在研究能否利用以诊断疟疾。（三）先成现象发生原因，迄未明悉，现将寻求其引起之因素，并试以人工方法促成之。（四）家蝇天然防除之研究。（五）果树蠹虫之研究。（六）幼虫分类。已较鉴认种类做进一步之研究。（七）昆虫天敌研究，已发现稀罕之天敌多种。（八）昆虫染色体数之研究。染色体可用人工方法引起突变，若应用于昆虫类，或能使害虫减少其为害，益虫增加其效能，染色体数之研究，为此种实验之初步，故进行是项研究，迄今已完成四十余种。

三、生理组：本年度除继续以往各项工作外，曾作青薰素（盘尼西林）及滴滴特（DDT）等药品之试验，幸有小成。并作无种子果实试验，曾得无子黄瓜，其味与普通黄瓜无异。

B. 航空研究所

（一）完成设计直升飞机。

（二）完成设计三层板机器。

（三）利用国产材料设计制造中级滑翔机。

（四）试验直升机控制模型。

（五）制造三层板机器。

（六）研制牛酪胶及豆类胶。

（七）研究紫胶。

（八）研究风洞扰乱表度。

（九）完成自制弹性力学设备。

（十）完成建造航空图书馆。

（十一）嵩明气象台迁建于联大校址内。

（十二）编译航空书籍，完成（a）空气动力学。（b）飞机材料学。（c）航空木材学。（d）飞机模型制造。（e）理论气象学。今后计划：（一）试验第一飞机制造新机翼模型二种。（二）校正航空风洞标准工作。（三）进行弹性力学试验工作。（四）继续编译工作。（五）试放高空无线电探高仪及进行高空气象研究工作。（六）研究飞机制造材料。（七）建筑航空陈列馆。（八）捐集航空图书。（九）计划试制直升飞机等。

C. 无线电学研究所

该所于本学年度之研究，大部偏重于超短波及微波方面。研究题目可分为两项。（一）磁电管之设计与制造及微波振荡之实验。（二）超短波之强大振荡及辐射特性之实验。前者结果可得十数公分之微波波长，后者结果在一公尺半之波长可得数十瓦特之电力。二者在实际问题上，具有重要应用，正在从事研究中。

D. 国情普查研究所

（甲）已印行的工作：本所有几种集体研究，其工作已于数年前完成，但在已往一年中才付印者，有下列三种。

（一）云南户籍示范工作报告（铅印本，三十三年二月）。

（二）云南户籍示范工作附刊（油印本，三十三年六月）。

（乙）继续进行的工作：

（一）呈贡县人事登记，自民国二十九年二月以来继续进行，未曾中断。昆阳县一镇三乡人事登记自三十三年八月以来亦在进行中。

（二）呈贡龙街的零售物价，自民国二十七年以来，逢街子日调查，逐项登记，编制统计图表及物价指数。

（丙）进行中尚未完成的工作：本所有些专题研究，由同人个人负责研究，其工作尚在进行中，包括下列数种：

（一）昆明市的贫穷研究（张荦群）。

（二）战时我国人口迁徙与社会变迁（廖宝昀）。

（三）呈贡乡村劳力制度（罗振荦）。

（四）昆阳农民的阶级流动性（周荣德）。

E. 金属学研究所

有数部工作仍系继续以往问题，本年可提及者如下：

（一）整理关于"决定晶体新法"已发表及已得到之结果，制成有系统的长篇论文，俾该项新法之内容，可全部发表。

（二）应用上述新法，作"锌锑合金"及"麻黄素"之晶体构造分析。

（三）改进以往发明之热电压合金，已可增加热电压三倍。

（四）探讨铸铁性能之改进。其他对外技术问题合作，仍继续进行。

四

前年秋举行之第六届留美公费生考试，因邮递迟缓，待至去年夏，始将试卷汇齐，评阅揭晓，计共录取二十二人，又因种种关系，久未能遣送赴美，目前各种手续，均已完毕，短时间内，如交通无问题，当可陆续成行。

本校同人于业余创办之清华服务社，经营迄今，瞬将两载，营业情形，向称发达，年来于同人收益，逐级分配，不无小补，参加之同人自助助人之精神，尤堪欣慰，然此究属权宜之计，他日战事终了，当即随同结束。

校友创办之三处清华中学，皆有报告前来，皆能于困苦中照常进行，本校限于资力，未能多予补助，仍望渝、筑、蓉三处校友力加维护，使日臻完善，至其前途发展，以及与母校可能有之关系，当俟本校复员后，再相与妥为筹划也。

五

今年八月，琦服务本校，将满三十周年。溯自一九〇九年（宣统元年）应母校第一次留美考试，被派赴美，自此即受清华之多方培植。待民国四年秋返国，即在本校服务，流光如驶，忽忽三十年矣。吾昔曾言："在这风雨飘摇之秋，清华正好像一个船，漂流在惊涛骇浪之中，有人正赶上负驾驶它的责任，此人必不应退却，必不应畏缩，只有鼓起勇气，坚忍前进，虽然此时使人有长夜漫漫之感，但我们相信不久就要天明风定，到那时我们把这船好好地开回清华园，到那时他才能向清华的同人校友说一句'幸告无罪'，此天明风定之日，不久可望来到。"今春教部召集各大学开会，对于战后各校复员，有所决定，清华必在复员之列，此亦琦可为校友诸君告慰之一端。惟维持现在，绸缪未来，有待于我校友诸君襄助之处正多，一旦复员开始，北返有期，自更盼校友诸君能与在校师生共策共力，使涉世三十三年之母校得以重新奠定于清华水木之间，更从而有一番簇新之发展，以与一般建国事业力求配合，斯则琦历年艰苦支持中所时刻馨香祷祝者也。

1945 年

复员期中之清华

去年九月，敌人投降，抗战终了，本校奉命复员。历年来在抗战期中，琦每借《校友通讯》，叙述故园情形，及南来景况，想我校友诸君已知其梗概。兹将即返故居，重新建设，爰再将复员计划，及最近情形，趁兹第三十五届校庆日，为我校友诸君约略言之。

（一）故园情形

北平系于去年十月中由第十一战区受降，本校于同年十月下旬由本校教授张子高①、陈福田②先生会同教育部特派员前去接收。琦于去年十一月二十七日偕同陈岱孙③、施嘉炀④、毕正宣⑤三先生到平，翌日到清华园察看，接收尚未藏事，缘数年来校园由敌人一五二兵站病院占住，最初有伤兵四千余人，职工一千三百余人，全部校舍，均被占用，破坏甚剧，如卫生设备，完全摈弃不用，改用日式之洋灰池槽，上下水道，凌乱不堪，

① 张子高，即张准，清华第一届直接留美生，历任该校化学系主任、教务长、副校长等职。

② 陈福田，清华外文系教授，曾长期任该系主任职。

③ 陈岱孙，清华 1920 届毕业生，曾长期担任该校经济系教授、系主任、法学院长等职。

④ 施嘉炀，清华 1923 届毕业生，历任清华工程系主任、水利系教授及工学院长等职。

⑤ 毕正宣，时为清华大学事务组主任。

亭钟铜炮，已被日方窃去，新图书馆全部改为外科病室手术室，旧体育馆为仓库，新体育馆为大厨房，凡斯种种，不及备述。本校于十二月初组织一保管委员会，由陈岱孙先生主持其事，陆续约用职员十余人驻校办理接收修葺等事。截至现在，日伤兵已全部离校。惟自今年一月杪，我后勤总部第五补给区司令部派员接收日一五二病院，并就地组织第三八病站医院，虽言明借用三个月，但在此期间，殊影响本校修葺整理之进行，现已向主管当局交涉，早日腾让。关于修理工程，去冬即约基泰工程司，先详细勘察估计，嗣因经费无着，未敢动工。最近得教育部核拨修建款，数虽尚不敷用，不得不于本月初赶即开工，预计到秋间开学，大致可以就绪。内部设备家具，拟先就必须者，简单制备。旧有之仪器图书，被剽窃一空，以后在伪北大及其他机关寻获图书若干，约抵原有册数之一半，而仪器机器则完全无法追还。以目前物价之高涨，经费之拮据，即努力撙节挹注，亦非三数年期间所能恢复旧观，但谚云："旧的不去，新的不来。"则吾校同人苟能于此时用最经济之设计，购求科学最新之设备，则今日正一改造扩展之良机也。

(二) 复员计划

校园之物质情形，略如上述。秋间复校后，为应国家社会之需要及本校学科顺序之发展，就院系言之，将成立农学院，即以农业研究所之基础，设置四五学系。文学院增设语言人类学系，以注重边疆民族语言文化之研究；理学院地学系原有气象组，今另成一系，以提倡高空气象之探讨。法学院将添设法律系，以实现十年前原拟之计划。工学院添设之化工系在今日之重要，固无待赘言，而建筑系则目前欲应社会之急迫需要，解决人民居室问题、城市设计问题，于人才训练上，于学术研究上，皆当另辟蹊径，以期更有贡献于社会者也。下年学生名额，约必有相当加增，但现有宿舍及设备，尽量容纳，不能超过二千人。师资方面，当亦须增聘，除随校南来各教师，夏间当设法妥送返校外，其休假或请假在国内或国外者，已敦促务于秋间返校任教，另再增聘若干位，务使新旧院系，即设备尚多欠缺，而师资必蔚然可观，则他日诸校友重返故园时，勿徒注视大树又高几许，大楼又添几座，应致其仰慕于吾校大师更多几人，此大学之所以为大学，而吾清华所最应致力者也。

（三）联大结束与三校迁校

今年五月初，西南联合大学之战时使命完成，三校之复员随即开始。在联大之学生，依其志愿，分发于北大、清华、南开三校。但北迁之举，三校师生仍联合发动。一因大家路线相同，联合自多便利；一亦以表现八年来通力合作之精神，彻始彻终，互助互让。固非欲以标示国人，抑吾三校同人所同感之快慰，或亦非局外人所能领略者耳。至迁校办法，实亦大难。全体师生及眷属，共约五千人，公私物品，共约五百吨，自西南边陲之昆明，迁移到辽远之平津，在现状下，水陆空交通工具，均感缺乏，行不得也，其谁助之？只得自行设法，分头接洽，有机可乘，有路可通，便当分段分批逐步进行，希望于夏间三四个月之时间可以陆续开动，十月前后可以到达平津，故三校已共同决定于十月十日复校开学，则国庆校庆同资纪念矣。

（四）表扬忠烈

在抗战期中，本校校友以身殉国，死事之烈，若沪上之陈三才[①]，赣北之姚名达[②]，缅甸之齐学启[③]，皆足名垂清华史，实亦母校之光，将来拟于清华水木之间勒碑纪念，或更编印纪念册，以资流传。惟目前消息尚多阻隔，必有甚多壮烈事实，未为校中所得悉者，所望校友诸君，各就所知，尽量函告，即有重复，尤利参证，以慰忠魂，以励来者。

此外所欲向诸校友谈述者，事项尚多，但有尚在筹划之中者，有须待确息方好报告者，有仅属希望尚难办到者，只盼来年今日，更有好消息，可为诸君报告。最后琦有不能已于言者，即吾清华三十五年之差有成就，实由于吾校学风之纯良，学术空气之醇厚，三四千学子之出其门者，已成为今日社会上有力而有益之分子，则其宗旨，其方针，其做法，吾辈应认为确当，而在亟谋复校之今日，尤当坚定信念，努力以赴。精力愈集中，则收效愈宏达。校内同人，或有未逮，则望各方校友，多予协助。琦不敏，愿鼓其余勇，以追随于诸君之后也。

1946 年

---

① 陈三才，清华 1920 届毕业生，其事迹见本书《抗战期中之清华（三续）》一文。

② 姚名达，清华国学研究院 1926 届毕业生，字达人，江西兴国人。1942 年 5 月，日寇犯赣东，他当时为中正大学教授，奋起组织战地服务团，自任团长。于当年 7 月 7 日在樟树与敌人遭遇，他杀死一名日寇，自己也中弹身亡。

③ 齐学启，字梦赉，湖南宁乡人，清华 1923 届毕业生。本文所述事迹待查。

复员后之清华

　　自七七抗战，平津失陷，二十六年九月，本校奉命与北大、南开合组长沙临时大学，初拟利用本校原在长沙岳麓山南为特种研究所建筑之房屋，作暂住之计，乃战事扩大，南京陷落，临时大学又奉命迁往昆明，改名为国立西南联合大学。抗战八年，本校在昆明亦八年，此八年中本校情形，逐年《校友通讯》上皆有报告，想我校友均经阅及。待三十五年五月四日西南联合大学之战时使命完成，举行结业，本校复员于焉开始，三校学生自五月至八月分批北返，三校教职员亦自六月起，分由陆路或航运经湘汉上海或重庆来平，但一部分同人须待联大事务完全结束及三校物品迁运就绪，九月底始全部离开昆明。琦于九月六日离昆，十一日到平。时我校派在北平负责接收修理之保管委员会已经数月之赶工，校舍各部逐渐修妥，本校乃于三十五年十月十日在清华园故址开学，十一月五日第一学期始业。学生由昆明随来者九百余人，北平临时大学补习班分发者三百七十余人，夏间招考录取者，一年级及转学生、研究生共九百余人，外加先修班二百余人，共二千三百余人，人数实超出战前一倍。教职员初有五百余人，以后数月，则因需要，陆续添聘。复员阶段至此，可算初步完成。本校校友及关心本校人士每以本校复员后情形为念，爰不辞缕缕，再详述"复员后之清华"。

　　清华园校舍，经敌人八九年长期占住，最初驻兵，继改作伤兵医院，破坏甚重。去年春间，一部分房舍又为补给区军医院占用数月，待至七月中本校全部接收时，主要楼房虽外观大致依旧，而门窗残缺，内部装修，均须重新添制。图书馆、体育馆破坏最甚，时至今日，图书馆新书库尚未修好，纵能修好，亦尚缺一层，因钢架被拆卸残缺，最近期内无法亦无力配全矣。战前藏书数目，中日文书二十五万余册，西文书八万余册，合订本期刊三万余册。兹复员之后，自北平各处收回书籍，约中日文书十三万五千余册，西文书四万三千余册，合订本期刊二万余册。以册数言，损失约为一半，但收回者往往残缺，配补困难，则损失实在一半以上。故图书之补充，实为复校后重要问题之一。体育馆之前部运动场，因敌人用作食物仓库，七八年间污秽溃烂延及地板，接收之后，须全部改修，健身设备荡然无存，锅炉遗失，故供暖设备尚未修复，最近仅能供给浴室热水。新运动场敌人用作大厨房，地板全部拆毁，目前因木料甚贵，暂时改用洋灰地面，勉强应用。游泳池尚未大坏，更衣室衣柜，则散失甚多。以今日学生人数之多，内部各种设备之添置，实为一大需要，在时间上在经费上只可分期办理耳。

大礼堂损坏尚轻，惟软木地板磨穿多处，讲台帘幕为士兵撕毁，门窗须修，顶漏须补，但修理工程较为轻易耳。一院大楼楼上仍为学校各行政部门办公处所，楼下为教室、办公室及学生临时宿舍。二院最后一排，前为敌人拆去，其未拆去部分，全部改作课室。同方部现仍存在，作小集会大班教室之用。三院（旧中等科）房屋最老，经八九年之摧残，更形圮坏，修理困难，故后部各排均由校拆卸，以其砖木作他方修理之用。科学馆、生物馆、化学馆、土木馆、水力馆、电机馆、航空馆，各建筑外观如旧，内部设备，全部无存，一桌一椅，均须新做，所幸经同人多方努力，临时稍稍添置，加以自昆明运回之一批仪器，普通教学实验，勉敷应用，但为树立教学基础，为提倡学术研究，则各系之设备，有待大量补充，无待赘言。

农学院去秋成立，校园内难觅适当房舍，幸得教部拨给敌伪建立之土木专科学校校舍（在颐和园东）加以修理，暂可敷用。

学生宿舍，新、平、善、明四斋，共有五百六十八间，原来设计，每间住二人，事实亦以住二人为合适，兹因学生增多，改住三人，共容纳一千七百八十余人，原为工友预备者，亦经住人，拥挤情形，住过此项宿舍之校友，可以想象。女生宿舍之静斋，共有六十八房间，每间原住二人，现亦改住三人，共住二百人。其以上斋舍不能容纳者，男生尚有五十余人现暂住在一院楼下，女生亦有四十人，住在古月堂，宿舍内设备，除铁床几经交涉，幸得保留外，其他家具均须新制。先修班学生二百余人，暂住在农学院。学生宿舍之问题，至今秋将更为严重，因徜如去秋情形，再收录新生一千左右，而今夏毕业者只有二百余人，则此增多之六七百人，如何安置，在工料高贵之今日，添建宿舍，将不可能，则惟有就现有房间估计容量，对增加人数而加以限额录取耳。

教职员宿舍，原有之学务处（工字厅）前部，怡春院，均经大加修葺，仍作单身教职员宿舍之用。此外在体育馆后面，敌人建有平房三十六间，迤逦逼近气象台，俗呼为三十六所者，暂仍保留其大部房间，亦供作单身教职员宿舍之用。至于教职员住宅，旧有之三所、北院、西院、新旧南院，经修理改造之后，可住一百四十余家，另于小河之南，加建小房四十所（名胜因村），但仍不敷分配，盖因近来本校院系扩充，学生加多，教职员人数亦须相当增加，且本校僻处郊外，延聘教师，如有眷属者，不能不供给其住宅，若使往返城郊，不仅影响教学，且额外消耗，对其菲薄之收入，将更不能维持，此住宅问题，本校独感困难者也。

清华园户外景象，骤观如旧，但各区道路，犹待修整，敌人遗弃之灰堆煤屑，尚在清除。所最幸者，全校树木，竟未被敌人砍伐，但年久失修，有枯死者，有丛生过密者，亦需检查修整，则俟天气稍暖，即当进行。冀于初春花发之际，园林整洁，溪池清澈，一复水木清华之旧观，我校友一时重返校园，第一印象，将有风景无殊之感，然而内在之创痕，固深且钜，则非以数年之人力财力不易恢复矣。

本校复员之后，院系有所扩充，现共有五学院二十六学系：计文学院有中国文学、外国语文、哲学、历史，及语言人类学五系；理学院有数学、物理、化学、生物、地学、气象、心理七系；法学院有法律、政治、经济、社会四系；工学院有土木、机械、电机、航空、化工、建筑六系；农学院有农艺、植物病理、昆虫、植物生理四系。行政方面，遵照部令，分设三处：有教务处、秘书处、训导处。教务处下有注册组、图书馆。秘书处下有文书组、出纳组、事务组及校医室。另有校长办公室及会计室。此外设有各种委员会，协助校务之进行，属于行政部分者，有聘任、工程、图书、仪器、燃料供应暖气设备、供电管制、校景、出版、大学一览等各委员会。属于学生生活指导方面者，有训育委员会（下分三组以负责：一、学生食宿指导，二、公费及学生救济，三、学生课外活动指导等事项），及一年级课业指导，奖学金等委员会。属于同人福利者，有住宅宿舍分配，教职员互利合作两委员会，及教职员消费合作社，借此群策群力，本校复员工作得以顺利进行，至可感也。

本校复员后之情形，大致已如上述，因经济上之困难，目前仅能达到勉可工作之阶段，至于补充恢复，盖非以数年之人力财力不易完成，而吾人之希望则又不应以恢复旧观为满足，必使其更发扬而光大，俾能负起清华应负之使命，是则我校同人在复校工作大致就绪之今日，犹日夜孜孜不敢不努力以赴者也。

清华今日之问题，在物质方面为校舍（教室、实验室、宿舍、住宅等）之不敷住用，图书设备之需大量补充。在政策方面，则于计划训练大量青年之外，尤应注意于学术研究之提倡，此在战前，即已推行，今后更应促进。盖我校既因容量之关系，学生人数，终须加以限制，则毋宁多重质而少重量，舍其广而求其深。最近添加建筑，既不可能，房舍支配，势须拼挤，但内部设备，则必力求充实，各系老师，则必多方罗致，庶使青年之欲来我校者，虽不能尽量收容，其出我校者，则必使各具专长，而于学术研究方面，清华在战前，即在抗战期间，已有若干之贡献，今后成就，故不可以预期，但譬如种树，倘选种优良，种植得宜，培养灌溉，尽力维护，则春花秋实，将为自然之收获矣。

此外考选留美公费生，为清华一贯之政策，如与国外学术机关之联系、交换，亦为应予注意之问题。至于如何实施，将来当详为筹划，相机进行。

最近各地校友，每有探询本校事物之需要，预备捐助者，校友爱护母校之热诚，实深可感，以今日校中情况言，大至校楼一座，小至图书数本，无一不欢迎能有大家捐输。如稍具体言之，若图书馆新书库之一层钢架，若新体育馆之木块地板，若校友招待用之校友楼，若某类之中文或西文图书，若某批之实验设备等，倘校友诸君能集体捐输，任捐一项，皆足为永久纪念，所谓及时之义举，诚遗惠于无穷也。

再者，自去年五月着手复员，至十月中开学，此五个月中，三校师生及眷属老幼，共四五千人，自西南边陲之昆明，迁回平津，间关万里，水陆空并进，单就本校言，师生已达二千左右，沿途得各地校友及社会人士之热诚帮助，使全部得如期安全到达，琦特于叙述本校复员情形之余，谨代表全体同人致其衷心之谢忱。

1947 年

复员后之清华（续）

在上一期《校友通讯》中，曾将本校复员以来一般情形，大略报告，兹当本校成立三十六周年纪念，爰再综集各系在抗战期中及复员之后一般设施，择述概要，以告我校友诸君，并请指教。盖本校复校工作，实甚艰巨，琦与在校同人，既感恢复旧观之不易，又不欲即以恢复旧观为满足，而在今日人力物力缺乏之情形下，虽夙夜孜孜究不知能有若干成果，此则深有赖于诸校友之指助者也。

（壹）文学院

一、中国文学系

抗战期中——本系并于国立长沙临时大学文学院，是时文学院分设衡山，系主任朱自清先生兼任临大本系主席，与浦江清及新聘陈梦家先生参加授课，王力、许维遹二先生与李嘉言先生则在长沙担任大学一年级国文课程。二十七年临时大学迁至昆明，改为国立西南联合大学，文法学院分设蒙自，是时系主任仍由朱先生兼任，王、许、李三先生仍留昆明担任大学一年级国文课程。

是年八月文法学院迁回昆明，朱先生因病辞联大系主任职，由北京大学教授罗常培先生继任。二十九年度朱、浦二先生休假，闻一多先生代理本校中国文学系主任。三十年度朱先生回校，辞本校系主任职，即由闻先生担任，成立文科研究所。三十一年上学期浦先生回校。

文科研究所设昆明龙泉镇司家营，从大普吉本校图书馆移用书籍甚多，其他距城八公里，系一小村落，安静宜于工作，同人及研究生多寓所中，入城上课。研究所至三十四年停止，但所址至去年（三十五年春）复员时始结束。五年之中同人研究工作，有许维遹先生后完成《管子集释》《韩诗外传集释》《国语校补》《尚书义证》四稿，待印。其他同人亦各有所作，零星发表。又李嘉言先生研究《唐诗》，何善周先生研究《左传》，研究生先后七人，毕业者王瑶、施子愉二人，王君论文为《魏晋文学思潮与文人生活》，现任本系教员。施君论文为《唐代科举制度与文学》，现考取自费留学，即将赴美。季镇淮、范宁二君通过毕业初试，现任本系助教。李君论文题为《魏晋以前的观人论》，范君论文题为《魏晋小说研究》，均仍在搜集材料，期其完成。

八年中本系最不幸者厥惟去年闻一多先生在昆明惨遭杀害一事，闻先生研究中国语文，工力深，造诣高，又能运用人类学等新知识，其贡献于中国神话及文学史者甚大，壮年被难，不特本校本系之损失，抑亦中国学术界之损失也。

复员之后——本系计到校教授四人，尚有王力教授，经广州国立中山大学借聘为教授兼任文学院长，请假一年，陈梦家教授留美研究中国古代铜器，工作未完，请假一年，新聘兼任讲师张政烺先生、张清常先生分任文字学及古音研究训诂学等课，又蒋荫恩先生任新闻学概论课。原有教员一人，新聘二人。新聘助教十人，半时助教一人，又与历史学系合聘助教一人。各位教员、助教及半时助教，除王瑶先生兼任中国文学史分期研究学程外，均专任大学一年级先修班国文及作文课，其与历史学系合聘之一位，系帮助陈寅恪教授工作。

本系课程照上年度教育部规定办理，但增中国文学史分期研究、中国文学史专题研究、现代中国文学讨论及习作及新闻学概论等课。系务会议并议决下年度增设文学概论，为二年级必修学程，各体文习作及图书馆学翻译，为选修学程。文学概论、翻译，与部定课程中之世界文学史配合，俾学生可比较中西文学，不致有偏隅之见。各体文习作中并拟列应用文习作一项，俾毕业生就秘书、文书之职者得有基础之练习。本系研究所分文学史、语言文学、文学批评三组。现有研究生萧成资、王忠二人，均属文学史组。萧生论文题为《李白的生活思想与艺术》，导师朱自清先生；王君论文题为《唐代藩镇与文学》，导师陈寅恪先生。

闻一多先生遗稿，去年开学后经梅校长派定一委员会整理，委员计有朱自清、雷海宗、潘光旦、吴晗、浦江清、许维遹、余冠英七位先生，由朱先生召集。委员会开会二次，决定完整各稿即由朱先生负责收集缮写并编辑全集初稿，请何善周先生助理其事，初稿编成后即交闻先生家属付印，付印时须重编与否由家属决定。其未完成各稿，委员会请许维遹、陈梦家、浦江清、余冠英诸先生分别负责整理，并请朱自清先生负总责，何善周先生协助，此类稿本整理需时，俟竣事再商印行办法，其全集初稿则已在编辑中，不久当即可交闻先生家属也。

二、外国语文学系

在抗战期间，本校与北大、南开三校合办西南联合大学于昆明，外国语文系同仁与同学对抗战曾尽极大力量，尤其是珍珠港事变后，美国派遣空军到中国作战，需要大量译员时期。外国语文系学生踊跃参加译员工作，其中有在前线成仁者。教师中于课余或则协助政府训练译员，或则编印英文报，使美国在昆明士兵能阅读当时消息，此为外国语文系师生对抗战，贡献之一斑。

复员之后，本校迁回北平，外国语文系同仁，多数随校北返，教授有陈福田、温德、吴达元、杨业治、赵诏熊、陈定民六人；专任讲师有徐锡良、王佐良、文启昌、周珏良四人，其中文、周两人为抗战胜利后参加本系者，共为十人。全校学生人数比较战前增加甚多，本系对外系负担甚重，如大一大二英文及第二外国语等均归本系负责。教师人数减少，学生人数激增，同仁功课较战时繁重，可想而知。本系一向原则为每教授及专任教师担任两门必修课程，另开一门选修课程，现则多数全担任必修课程矣。因此，本年外语系不能多开选修课程，实为事实所迫，不能不如此。教授及专任讲师人数不足，其原因有二：吴宓、胡毅、陈嘉三位教授，因特殊关系，不得不请假一年，此其一。本系为维持以往的声誉，抱宁缺毋滥主义，宁愿同仁本年工作增重，不愿勉强凑数，此其二。现时本系对下学年计划已开始进行，旧教授中决定返校者有吴宓及胡毅两位教授，应聘下学年来校任教者有莫泮芹及周一良两位教授。以现有教师加上销假返校及新聘教授，本系同仁下学年工作或可稍微减轻，希望多开选修功课，教师可有时间作研究工作。但此不过为本系同仁之希望，实则下学年教师人数必仍感不足，因全校学生人数激增，本系第一年第二年英文负担加重甚多。本系最感困难者为第一年大一及第二年大二英文两课程，学生程度参差不齐，讲教不易。英文教员师资缺乏，胜任愉快者难以物色，此二大困难为本系需尽最大努力寻求适当解决办法者。

外国语文系本年学生人数共一百三十二人：一年级四十五人，二年级四十二人，三年级二十九人，四年级十六人。三四年级人数在三十人上下，各课程只开一班即可，至于一二年级人数在四十以上，则非开两组不可，尤其是英文作文及第二外国语等功课，此亦为本系战后负担比战前增重之一理由。学生程度比较战前稍差，此为全国学生普遍现象，任何学系皆然，非独本校本系如是，但本系于复员北返后，决心将学生水准逐渐提高。本年同仁讲授功课均极认真，教师指定阅读课外参考书甚多，学生亦甚努力，想战前旧观不难早日恢复。

本系在抗战时期继续办研究所，毕业生有数人，当时环境虽极困难，尤以书籍为甚，但成绩优越者颇不乏人。胜利复员后，战后环境比战时为佳，书籍购置比较便利，将来教授在质与量两方面均希望有大进步，本系研究所工作当能本往日精神蒸蒸日上也。

本系书籍曾在七七事变前一年迁移一部分至汉口，二十六年秋运至长沙，翌年春又运昆明，在西南联大时期，本系抱定宗旨，书籍应尽量利用，不能因敌人轰炸而将书籍深藏不用，曾开放全部书籍，由本系负责管理，出借与同仁及同学阅读，西南联大时代之外国语文系师生皆称便利。本校复员后，本系书籍亦由昆明运回北平。抗战时留在北方之书籍已由本校向各处收回，图书馆损失估计在半数以上，但本系损失比较尚小，或不及半数。原有重要书籍大部分仍存在，虽有损失，尚易补充。现代作品则甚缺少，几等于零。本系以后购书当循两方面着手：补充原有损失及购置五十年来新出版之作品。此为本系同仁之理想，且希能早日完成的工作。

三、哲学系

长沙临时大学及西南联合大学期间，哲学系本科部分始终与北大及南开联合授课。研究所部分曾有短时期之停顿，旋即恢复，由本校单独招生办理。数年总共有研究生八人，毕业者二人。复员来平后，冯友兰先生应美国本雪凡尼亚大学之聘，前往讲学一年，今年暑假中返国。沈有鼎先生应英国牛津大学之聘在英未归。现在校教授金岳霖、邓以蛰、王宪钧、任华、张岱年，助教王玖兴，复增聘佛学耆宿周叔迦先生讲授印度哲学史，北大教授胡子华先生讲授逻辑，本年有本科学生二十二人，研究生一人，系中图书，在沦陷期间，损失过半，现已陆续添置，惟限于经费，短时期内恐难恢复旧观。

四、历史学系

课程——在抗战期中，本系同人参加联大历史学系工作，当时集三校教师学者于一处，蔚为大观，所开课程亦精辟充实，教师咸系当代权威，学子受益，诚匪浅鲜，在校诸教师皆以治学谨严，蜚声士林，兹不赘述。至所开课程项目，大体如战前，复员之后所辟课程，规模如旧，但微有增减耳。

师资——联大时代之历史学系教师，除北大、南开二校不计外，本校当时应聘就职者，有陈寅恪先生（陈先生于三十四年九月一日离校赴英讲学，三十五年母校在平复员，自英返校，赓续授课）、雷海宗先生、刘崇铉先生、葛邦福先生，抗战期间，迄未离校，复员后，随校北返，现在校执教。邵循正先生于三十四年九月二十一日赴英研究，为期一年，复员后返校执教。王信忠先生抗战前即任本校教授，随校南迁，三十二年度休假赴美，三十三、四两年请假，三十五年学校准假一年，赴日考察，今夏返校。孙毓棠先生抗战期间应本校历史学系聘为教授，胜利前，英国文化委员会聘往牛津大学研究，今夏返校。丁则良先生于三十四年秋应本校聘为专任讲师，现亦随校复员任教。孔繁霱先生战前系本系多年教授，因病未能随校南迁，三十五年本校复员，即聘孔先生返校，孔先生亦已应聘，惟因三十五年秋，旧病复发，本学年学校准予病假一年，下年度当可返校。抗战期间，本系莫大损失，即张荫麟先生于民国三十一年作古，奇才陨落，倍增惋惜。

中日战事史料征辑会——民国二十八年岁首，联合大学历史系与北平图书馆合作，组中日战事史料征辑会，三校各聘教授一二人指导工作，本校历史系，由雷海宗、王信忠两先生负责，并由文学院院长冯友兰先生主持会务。联合大学结束时，三校同意，全部所辑史料，由北平图书馆负责保管，所辑史料中，除本国报章、杂志、小册子、文告外，日文资料，尤为珍贵。

（贰）理学院

一、数学系

抗战期中清华数学系与北大及南开数学系共同负责西南联大数学课务，数学研究所则仍归各校自设，在抗战期内清华数学研究所毕业生有钟开莱、彭慧云及王宪钟，钟及王均考取公费留学，现在英美研究。系内同人休假出国研究者有陈省身教授，现已返校，专任讲师徐贤修先生现在美研究。考取公费留学者有教员闵嗣鹤先生，现在英国，教员田方增先生，行将赴法。

复校时本系主任杨武之教授因病留滇，华罗庚教授部派赴美研究，陈省身教授在沪主持中央研究院数学研究所，专任讲师朱德祥先生留昆明师范学院，教员颜道岸先生因病留山东大学，均未克到校。幸郑桐荪教授及段学复教授到校任教，临时增聘教员及助教多人，系务始能勉强进行，本学年下学期陈省身教授已返校，惟数学系普通课程如微积分及微分方程之学生，本年已逾千人，下学年估计可达一千五百人，故普通课程之教师尚须大量增聘，清华数学研究所有悠久之历史，近年因系内教授过少，未能招生，今后宜急添聘教授，补充图书，恢复数学研究所，以继续培植我国之数学人才。

二、物理学系

物理学系自卢沟桥事变后，即随校南迁参加西南联合大学物理系工作，惟本校之物理研究部仍独立续办，在昆明期间先后毕业于本研究部者有谢毓章、黄绶书、杨振宁、张守廉、应崇福、杨约翰诸君。在联大物理系中本校参加工作人员有吴有训、叶企荪、周培源、赵忠尧、霍秉权、王竹溪诸教授。复员后，原在无线电研究所之任之恭、范绪筠、孟昭英及金属研究所之余瑞璜诸教授亦参加本系工作，最近复在欧美留学生中，聘有数人，可望于本暑假后陆续到校，系中杂志除一九三〇年以前出版者外，皆全部损失，课本及参考书损失甚多，仪器亦可谓全部损失。在目前学生之实验系以联大分到之一部分仪器及本校存留之少数零件配合使用。但在最近期内即当以本校可能分配之图书设备专款，亟谋补充，以使教学及研究工作，均得充实发展，以恢复战前成绩之水准。

三、化学系

（一）抗战期间情形。本系在战前所有之图书设备颇为完备，卢沟桥事变发生，全校南迁，本系情形，可分三部叙述。1. 事实之发生于清华园内者：日军驻入校内，未几即将化学馆改为兵站病院。其中实验桌及其附属之水管、煤气管概行拆除，仪器药品悉被夺取或毁坏，即以馆内楼顶间之八具抽气机，纯水蒸馏器，馆外之煤气炉及煤气箱，不知何时撤去。总之接收时化学馆内仅余一煤气箱，此外则仅空楼一座。2. 事实之发生于北碚者：战前南迁物件，除运往昆明应用者外，余均由重庆移置北碚，不幸遭炸被焚，而本系所丧失之贵重物品中除精细天秤及砝码并各种标准仪器外，尚有高崇熙教授十余年心血所制备之稀有元素之各种化合物凡数百余瓶，五光十色，美不胜收，亦复付之一炬，则尤可惜也。3. 事实之发生于昆明者：在联大长期时间中，化学仪器药品之购置，实际上仅民国二十七、八年间之一次，以后国际交通断绝，惟能就内地所搜集及原有存余者以供教课之用。而原存物品中重要仪器，仍系二十七年本校由平经港、越运去之物。联大设备，原属因陋就简，迨归来分配，本系所得，实无几也。

（二）胜利后复员以来情形。胜利以后，本系复员情形，可为两段落。一为自昆明准备装箱付运一段：此事劳神费力，匪言可宣，幸目前运抵校园者约计四五十箱，惟尚有二十余箱重要杂志未到耳。至由联大分配所得，本系获有书籍五六十册，药品百余种，仪器数十件。二为回平后筹备段落：此段自去年开始迄今所购药品仪器，皆系临时就地采购，借应急需，大宗设备实际用于购置实验桌及其装备。现有实验室十间，总有实验桌六十张。而馆内修理如锅炉、水管、电线、门窗及其饰件、卫生设备等等，在筹备期间消耗不少精力，所幸秋季开学后课务按时进行，所有实验亦尽力予学生以充分机会。普通化学甲乙两班三百余人，甲班每周三次，乙班每周一次，皆获得个人单独实验之训练。春季定性分析开始，亦复如此，并改用半微量分析法，药品消耗减少十分之八九。至定量分析，有机化学之一部分，理论化学全部，其实验莫不尽力设法，冀有以达到经常之标准。图书部分以自昆明运回者，与接收时在北平所恢复者已归并成一小图书室。复员后自国外所订新杂志十余种亦陆续来到，并陈列阅览矣，此复员至今之大概情形也。尚有一事应补叙者，即七七事变后南迁前寄存北平花旗银行库内之白金仪器（蒸发皿，坩埚，电极，丝，箔等）计四十件，约重六七百克，悉数收回无缺，时价甚高，此亦不幸中之幸事也。

（三）最近将来之展望。本系本学年之情形，大致已如上述，惟来日大难，应行补充者不一而足，略举如下：1. 学术刊物之补充（如抗战期间所缺乏杂志及新书）。2. 煤气炉之复建（现用火酒灯，消费既大，火力亦不足。煤气设备，势不容缓）。3. 基本仪器药品之添置。工学院学生普通化学为二年级必修科，本年该院新生八百名，除休学转院者外，明年工院二年级生至少有六百人，再加理学院及化工系新生，以本年比例计算，恐有八九百人之多，则设备当较本年为三倍也。又本年度将本系有机化学改为三年级必修科（联大临大皆为二年级必修科）。故本学年有机化学实验只限于补修之一部分，此项消耗亦大，下年应须加入。4. 普通设备之补充（学生多则实验室人众，若无通风设备，小则有碍健康，大则危及生命，有机化学实验室尤为必须，本年勉强应付，明年恐不能缓矣）。

四、生物学系

抗战开始，北平沦陷，本系重要图书仪器之一部由兴华公司帮助运往西南，其余设备均被日军劫掠破坏。抗战期中本系参加西南联大生物学系，主要工作除授课外，尚有营养生理之研究，发表论文多篇。云南植物标本之采集，协助完成《滇南本草》图谱乙册。此时期中本系最大之损失为吴韫珍教授因生活困苦，工作繁重，病殁于昆明。

本系在去年十月开学时仅有空屋一所，幸昆明运来图书仪器二十余箱，前经日人搬往城内之标本收回一小部，燕京大学生物学系及北京大学概允借用实验材料，本校农学院汤佩松院长及陆近仁教授惠允担任本系课程，方能使本系课程之实验与演讲同时并进，本系简单研究工作业已开始，在校教员有专任教授及讲师五人，兼任教授三人，教员及助教七人。

五、地学系

（一）抗战期中。本系于战前乃合地质地理气象三组而成，系址处于图书馆三四层楼上。七七事变学校南迁长沙，改称长沙临时大学，本系与北大地质系合为地质地理气象学系，于时，图书标本丧失殆尽，只野外工作能予推进，每逢周末均由本系教授率领同学在长沙近郊或邻近诸县作地质实习，如长沙南之泥盆纪，海相标准地层，暨湘潭上五都之著名锰矿及附近之煤田，均曾一一涉足。二十七年二月战局之演变，学校再度西迁昆明，环境稍趋安定，本系之研究工作乃复积极进行，缘云南实为地质学家之乐园，其矿产种类之繁多，与夫各时代地层之完备，地质构造之复杂，在国内实罕见其俦，而又地居荒远，战前鲜为人所注意，故地质各方面之大问题，均有待解决，本系首则对滇池环湖地质作一详尽研究，以次复推及于各边远区域，今举其荦荦大者而言，则如滇缅沿线矿产资源之考察，个旧锡矿区、易门铁矿区、东川铜矿区之探勘，金沙江、怒江、澜沧江诸流域地质之调查，滇东滇南古生代地层之研究。而于敌人侵入缅甸，滇西告急之际，本系地理组张印堂教授复应军事当局之邀，深入江心坡一带作实地调查。凡此均不仅为地学研究奠一坚实基础，且直接于抗战亦有所贡献。不宁惟是，本系教授复因休假之便，远赴其他各省工作，如张席禔教授有关贵州三叠纪地层之研究，袁复礼、冯景兰二教授先后赴西康作地质矿产之调查均是。故自滇越、滇缅两交通线相继封锁，国外图书仪器来源几告断绝之际，本校其他各系之研究与教学工作无不稍受影响，而本系乃以独得地利，反益趋活跃，且由是而与云南地方当局发生密切之联系，故与民国三十一年夏，本系与云南省建设厅合作，成立云南地质调查所。此种关系，并未因本校复员而中断，盖本系毕业校友至今仍留滇工作者固不少，即本系教授等亦可随时去滇作短期之研究。就室内工作而言，本系在战时添置之图书约二百余种，合自北平运出者共六七百种，杂志则除国内出版者外，英美杂志亦订购有八九种，但以道途修阻，每不能按时寄到。仪器重要者有显微镜五架，标本则多以历年在云南所采集者为主，其中矿床岩石之标本，约各五百块，古生物算本约一千块，国外之标本则有岩石、矿物、古生物三种各一套，图表则以战后在各地调查所绘制之地质图为最多，大致可敷教学之用。至附设之研究所，于战时曾招研究生五人，其中李璞已于去夏毕业，刘锦新则仍留云南个旧锡矿区搜集论文材料。大致言之，本系战时之工作，多侧重于野外之调查及实习，良以图书仪器两俱缺乏，室内工作无由进行，而大自然又原为地质学最好之实验室，就教学言，同学实习之时数愈多，则其所习书本上之知识因参证而愈明。就学理言，调查之范围愈广，则其所集材料之意义，因比较而愈显，其若有裨于矿业之发展，固不待详言矣。

（二）复员之后。复员后气象组另成立气象系，故今日之本系乃由地质、地理二组合成，地质组仍在战前旧地，地理组则在三十六所。本系教授除原有者外，又新聘本校校友孟宪民、杨遵仪二教授，孟先生以矿床学先进名于国内，而杨先生则为古生物专家，故教授阵容益较战前整齐，至若图书仪器标本，则以本系系址在战时一度被日人利用为地质工作之场所，在平未及运走之书物，或被移往他处，或惨遭损坏，其尤可痛心者，即本系在战前所藏之珍版地学名著及国内外之名贵标本，均荡然无存，此均为战前十余年一点一滴所辛苦集成，而非咄嗟之间即能置办者，现经半年来之整理，各部分已稍称就绪，图书杂志及必需仪器，均已陆续向国外订购，现一部分已寄到，欲补充发展固有待于将来，而恢复旧观则务期于今日也。

六、气象学系

（一）抗战期间。本校气象工作，已有十余年之历史，抗战前者无须多赘，在抗战期间（联大时期），气象工作与表现可举下列数点：（1）开设课程：在参考文献极端困难情形下，曾开：气象学、气象观测、天气预告、高空气象、理论气象、大气物理、气候学、世界气候、中国天气、中国气候、航空气象、农业气象、海洋气象、海洋学、地球物理、天气图实习、台上实习及专题讨论等共近二十学程。（2）探测工作：嵩明气象台，系联大地质地理气象学系与本校地学系及航空研究所合办，创设于二十八年冬，二十九年元月开始工作，迄三十年春，因人力及经济关系，暂告停顿，迁往昆明，旋于同年秋将联大新舍北区之碉堡改造，三十四年春恢复工作，直至联大结束，准备迁移时始停止。（3）研究著述：在抗战数年中，同仁研究作品约二十篇，多发表于中央研究院之科学纪录，本校之科学报告，地学集刊，亦有因复员关系尚未付印者。（4）特别训练：空军急需气象人员，设专班训练，本校气象同仁有被邀作义务性质之参加者，历时数年，训练数期，多服务于各气象台队，三十三年美军因特殊需要，发起无线电探空人员训练班，由本校无线电研究所、联大物理系及气象组与中美空军合作，于是年夏，在联大北区完成三月余之特殊训练。（5）国外进修：气象同仁与同学，先后出国讲学，或进修留学者，约如下述：赵九章教授三十三年春请假，任中央研究院气象研究所代所长，于三十五年元月赴英参加国际气象学会，旋赴美讲学，已于同年十二月返回，本年秋季将回校。程纯枢、顾钧禧已回国服务，亢玉瑾、钟达三、万宝康亦将学成返国，郭晓岚、叶笃正、谢义炳方在继续研究，高仕功已入 U. C. L. A. 继续进修，陈树仁、杨福先、张文仲均在英美攻读，本届考取公费即将出国者，计有刘好治、顾振潮、钱振武。

（二）复员以来。复员以来时间较短，且以馆舍缺乏，交通困难，所有建设工作，至今未能积极进行，即昆明之仪器，亦未运到，原有之气象台、气象园尚在修缮，旧存图书仪器，气象纪录与家具等，均一无所存。今后计划略录于后：

今后计划希就人力物力所及依次进行：（1）增聘教师：如欲增进研究兴趣，提高工作效率，势须分工合作，系内宜分设专组，如理论气象学、高空气象学、气候预告等组，每组需二三人负责，是以增聘教师，至为迫切。（2）充实设备：本系所需普通仪器，急需补充，至于特殊仪器，恐非现在财力所能购置，且无线电探测仪，无线电测风仪，与测雷雨仪，现恐均系非卖品，难以购得，更须另行设法添置。（3）建气象馆：系中现有之房舍甚不敷用，为久远计，应建气象馆，以备需要，因上述各组，各需房数间，再加图书室、工作室、实习室与教室等，势需自成一馆，地址如设于气象台之附近，则于工作上更多方便。

七、心理学系

在清华学校时代，仅有心理学课程，其后成立心理教育学系，心理学课程始加多。民国十七年左右，教育学部分撤销，心理学部分独立成系，属理学院。抗战以后，在长沙临时大学时代，因南开、北大均无心理学系，暂与哲学教育合并为一系。到昆明后，心理学仍与哲学合为一系，但另为一组，分别办理，复员回平后，恢复成系，仍属理学院。

（1）抗战以后，毕业同学考取官费或私费出洋者有二人。

（2）胜利以后，三十五年度教育部留学考试，考取自费待留学者有七人。

设备：本学系实验室大小约二十间，位于生物馆第一层，大致均已恢复原状。内有隔音室一间，可以作听觉研究实验之用。另有大教室一间，可容二百人，有戏台及放射影片之特殊设备。图书杂志损失不大，约占四分之一。仪器存在伪北大者，尚保留有一部分。迁至昆明而又迁回，及在西南联大添置者，目前已够初级实验及研究之用。至于补充计划，大部分在国内监制仿造，真正不能仿造之复杂者，则到国外购置。目前动物即行开始饲养，生理方面的设备，亦已购置。普通心理学，及实验心理学，均已开始做实验。

研究：抗战以前，教授、助教、研究生在课余颇能进行研究工作，多属动物实验、神经解剖、人类实验，及工业方面之问题。一九三六年与燕京大学心理学系合办中国心理学报，出一卷共四期。最近仍拟续办。在抗战期间，纯粹理论方面之实验不能进行，为适应社会需要起见，三十年夏四月至八月，曾在昆明国营私营工厂举行工业心理讲习班，并参与工人实地生活之考察。三十四年夏五月至七月，应美国 OSS 方面之委托，参与中国伞兵之心理选拔测验。随后八月至十二月，又为中国陆军第五军创办军官心理测验所，前后测验军官四次，共约一百六十八人，每人分团体或个体测验。用二十余种方式，继续举行三日，然后每人写成报告书一份。

现状及将来：本系现有教授三人，助教二人，学生有本科生八名，研究生三名。下年度仍拟招收二、三年级转学生及研究生，分甲乙两组，甲组偏重自然科学之心理研究，乙组偏重社会科学之心理研究。本系现有教授为周先庚、唐钺、敦福堂三人，助教二人。下年度拟增聘教授二人，助教二人，并拟添聘外籍教授一人。

计划：本系宗旨在训练心理学之教学及研究人才。在课程方面，拟将教育部所公布之课程标准，略加修订，普通心理学实验，拟大量添购重套实验仪器，务期人人能得机会参加。本科课程之修订，拟规定一二年级为基本工具学科，自三年级起，则分别开设各种专门科目，如感觉知觉、学习记忆、情感情绪、工作疲劳、性格品格、联想思想等。各专门分野，如应用心理、社会心理、教育心理、儿童心理、变态心理等，则拟改为选修，并尽量减少学分，在应用方面，拟设法在医院、教育机关、工厂及军队中继续进行研究。

（叁）法学院

一、政治学系

在以往抗战期间，西南联大之政治系为本校与北大合办者，系务由本校教授张奚若先生主持。教授讲师八年内虽多更替，但常有六七位，最多时曾达九人，而系中必需之中西书籍，除战事前数月，本校运一部分到西南外，在抗战前期二年内，滇越铁路畅通时，亦补充若干，历年毕业生约有百余人。

本系研究所于抗战前即行成立，二十七年因战事关系，曾停止招生，而于三十年又继续招生，计分国际公法与政治制度两组，同时本系另设立行政研究室，由钱端升先生主其事，收集中外政治资料，使研究生攻读之物。在昆明之研究生，有翟维熊、罗应莱、钟一均、端木正四人。

三十五年本校复员，本系遭空前之困难，原在西南联大之教授，如钱端升、吴之椿、崔书琴三位随北大复员，本系只有张奚若、赵凤喈、邵循恪三位先生，同时张先生因病请假（下学期已上课），邵先生体亦不健，赵先生又兼顾法律学系之事，新聘教授，只甘介侯先生一人到校，旧教授浦薛凤、肖公权皆阻于交通，不能到校，师资困难，甚于抗战期中。只有勉请崔书琴、吴恩裕、楼邦彦、邸维周诸位先生来校兼授各项必修课程。关于图书一层，原留平校者，残缺不堪，整理补充，尚须时日，迁往西南者，损失大半，由昆明运回者，仅有一小部分到校，本学年本系学生共有一百零九人。此本系复员半年来之概况也。

二、经济学系

经济学系，于抗战期间，与北京大学经济学系及南开大学经济学系合组为国立西南联合大学经济学系。西南联合大学经费支绌，是时国际交通又极困难，新版书籍期刊极形缺乏，本校与战前南运之书籍，虽有一部转运入滇，而全套西文期刊十余种，皆在北碚毁于敌弹，教学工作倍形困难，研究工作亦几完全停顿，惟本系教授戴世光先生参加本校人口普查研究所工作，其研究结果已由该所刊印。伍启元先生研究中国国际贸易，亦已完成。至人事之变动，则赵人偶先生于二十六年起请假暂任教于燕京及四川大学，余肇池先生于二十七年辞职离校，张德昌先生于三十一年辞职离校，肖遽先生于三十三年辞职就任中正大学校长。师资颇受影响，幸有戴世光先生于二十七年自美返国，以后复得伍启元先生、徐毓枬先生先后就聘来校。本系参加西南联合大学经济学系之教授人数，最多时为五人，最少时为二人。

胜利后本系随本校于三十五年秋季复员，学生除西南联合大学经济系原来学生志愿转入本校者外，尚有北平临时大学分发来校二、三、四年级生，三十五年秋季拓收之研究生，本科二、三年级转学生，及一年级新生，人数激增，远超战前，师资设备两感缺乏，幸而赵人偶先生于本年自四川大学返校任教，新聘教授刘大中先生亦自美到校，旧时同人张傲彬先生复返校任中国财政史（讲授），赵锡禹先生兼理会计学等课，本学年课程得以顺利进行。至于图书馆旧存图书，经敌伪夺取分散，虽经去年保管委员会期间探访收回，册数不及战前之一半，且皆一九三六年以前出版之旧书。此半年来方在计划如何添购一九三七年后出版之重要书籍与择要补充前有之损失，而主要期刊旧本之补充尤为急务，一俟本校图书预算筹有的款，便当立即进行。

本系此后方针，当以教学、研究并重为原则，在教学方面，以同时兼顾理论与应用人才之养成为目的。在研究方面，则除各位教师以个人兴趣作自由研究外，拟侧重与国情有关问题之探讨，且若问题性质较为广泛，并希望能与其他社会科学各系协同进行，以收综合贯通之效，此则须稍假时日方克观成也。

三、法律学系

本校法律学系于民国二十一年与工学院同时成立，由燕召亭先生主持系务，嗣以国内一部分人士主张停办文法科，教部迭令停止招收法律系学生，系务遂于二十四年中断。三十五年本校复员，为调整各院系起见，又呈准教育部恢复法律学系，惟以复员伊始，图书设备及教师敦聘均感困难，故仅招收一年级新生一班，而大一新生除修法学院共同科目外，因学分限制关系，只能修习本系基本课程一两门（若民法总则等），因此三十五年度，本系系务由原任政治系教授赵风喈先生负责，只聘请教授一位（王克勤），助教一位（李声庭），共有教师三人，下年度除照常招收一年级新生外，并拟招收二、三年级插班生十余名，增聘教师三四位。过去本校法律学系，仅有二年历史，法学书籍数量较少，目下视财力所及，正积极采购，补充各项必需之中西文书籍，期以充实设备，并希望于一二年内成立法律研究所，借符本校研究高深学术之旨。

四、社会学系

由于北大和南开未设立社会学系，战时联大社会学系的师生，在复员之后，全部回到或参加了本校的社会学系，故复员后的社会学系师生比较多，现在系中有研究生五人，大学部学生八十一人，其中四年级二十三人，三年级十九人，二年级十七人，一年级二十二人，共计比战前多三四倍。教师方面，除李景汉、李树青、戴秉衡三先生尚在美国，短期内不能回校执教外，本年度开学伊始，潘光旦、陈达、吴泽霖三先生即已到校。吴先生同时还主持全校教务，潘先生也兼主持图书馆。不久，苏汝江先生自美回国，费孝通先生又自英伦回来，离校约十年的吴景超先生也自南京返校。教员周荣德、张荦群，助教袁方、廖宝昀、全慰天等先生，也均于复员后随校来平。陈达先生于半年内教完全年课程之后，于三月中请假离校赴美，参加普林斯顿大学两百周年纪念会，预定暑期可以返校。

关于课程方面：本年度由全系教授负责开设社会学名著选读一学程，为研究生及四年级学生所必修。除指定阅读名著外，全系教师及选修学生每两周举行座谈会一次，以便师生共同探讨。此外有潘光旦先生的社会思想史、优生学、家庭问题；吴泽霖先生的社会学原理、普通人类学；陈达先生的人口问题、劳工问题、社会立法；苏汝江先生讲授社会计划、社会研究法、人文区位学和社会调查；费孝通先生讲授社会制度、社会变迁和农村社会学。吴景超先生到校较迟，暂担任贫穷问题一课程；社会机关参观一课程比较繁忙，则由周荣德先生负专责。本系之外另请本校心理学系唐钺教授主讲社会心理学；燕京社会系关瑞梧教授主讲社会工作概论；家政系倪逢吉教授主讲家政学及儿童福利。连同社会学名著选读共有二十二种课程。

（肆）工学院

一、土木工程学系

当抗日战争发生时，本系学生正在山东济宁做测量实习，故原有测量仪器得以大部保存，运至昆明。其他材料试验及公路工程实验等设备，亦有一部分先期运赴汉口，得以保存。在昆八年，学生实习虽可勉强进行，但距吾人之理想尚远。本系师资，在结构、水力、交通及市政工程各方面均尚充实，中间虽稍有更动，但各同人除正常教学工作外，尚能有相当之研究试验成绩。并协助地方工程机关及美军工程部解决困难问题，如与交通部合作之公路研究试验，与中央水利实验处合作之水工试验，为云南省经济委员会设计之水力发电工程，为云南各飞机场解决之土壤、材料及建筑诸问题，与协助云南省抗疟委员会所办理之抗疟工程等。清华工程季刊在抗战期间曾出版一期，清华土木工程学会会刊曾出版两期。本系同人所发表之专门著作，其重要者如：蔡方荫先生之普通结构学，陶葆楷先生之给水工程学与军事卫生工程，吴柳生先生之工程材料试验，张泽熙先生之铁路工程学，施嘉炀先生及阎振兴先生主编之昆明水工试验室研究丛刊及李谟炽先生主编之公路研究丛刊等。

　　复员以来，本系陆续到校之教师，计教授八人，教员二人，助教九人。学生现有一百六十九人。教学所必需之参考书，大部自昆明运来，抵平后稍事补充。国外新订杂志，亦已到校三十余种。测量仪器以使用日久，暂在平市购得少数日本仪器，尚感不敷。去岁本校在平开课，学生测量实习在第一星期即起始工作，此堪告慰者。工程材料试验仪器，去年亦由昆明运到一部，第一学期已可作水泥及混凝土之各种实验，本学期昆明第二批仪器运到，该项试验已正式开班。初级水力试验设备装置完毕，本学期亦已开班。交通工程实验室、卫生工程实验室与土工试验室均在装置中，而道路材料试验之设备已大致就绪，即可开始工作。本校与中央水利实验处合设之昆明水工试验室已改为北平水工试验所，现正协助本系装置各种水力试验设备。土木馆楼上为办公室、图书室、教室及绘图室，楼下为测量仪器室、工程材料试验室、卫生工程实验室与交通工程实验室。水力馆楼上除本系之办公室与土工试验室外，暂由建筑学系借用为该系之办公室及绘图室，楼下除初级水力试验设备外，尚空无所有。本系教学工作虽可勉强进行，但学生人数增多，旧有设备，大不敷用，新仪器之补充，实属刻不容缓之事。

二、机械工程学系

（甲）抗战期间，国立西南联合大学期间，因北大、南开均无机械系，故在联大期间之机械系与复员后之清华机械系实为一体，兹将九年抗战期中，本系工作概况，举要列后：

（一）设备及实习——当七七事变前二年，清华大学机械系曾将三分之一设备及小部分重要杂志运存汉口，事变后，初迁长沙上课一学期，当时因无设备，仅开设理论及设计课程，后迁昆明时，将存汉口之设备经水路运输汽车转运昆明，运到后又费时数月，据装置完成，学生方能得到实习之训练。故九年内仅后六年有实习，在此期间，虽时有添设，惟限于经费，仍以清华运出者为基本部分，计有金工、木工、锻工、铸工四厂，并热工实验室及造冰厂等部分，其设备虽不能称为完善，然较之我国一般大学机械系所有者为优，且为补充设备不足，每年将三、四年级学生分别派往昆明附近之国营工厂实习，计有云南省办之耀龙电力公司，资源委员会昆明电厂，中央机器厂，兵工署第五、十三及二十一工厂，航空委员会第一飞机制造厂及第十飞机修理厂，云南纺纱厂及裕滇纺纱厂等，以上数厂，对本系学生实习所赐之协助至大，学生得益颇多。

（二）教师——本系共有教授九人，教员助教十人，八年来无大变动。同人等八年来无时不在艰难困苦中奋斗，各守岗位，未尝稍懈，学生能得其多方教导，实属难能可贵。有时常感教师不足，幸赖中央机器厂及兵工厂派高级工程师来校兼任课程，得助颇大。

（三）学生——本系学生以人数论，居工学院之冠。已毕业者八年来总计约二百五十人，联大结束时肄业之一、二、三、四年级学生约一百七十余人，该生等全体随清华复员来平，现均在本系继续其学业。毕业生除一部分考取公费出国深造外，大部分均参加政府机关服务，如资源委员会各厂、交通、兵工、航空等各部门，尚能得到一般好评。

（四）教学以外之工作——其重要者有下列数项：1. 与云南省建设厅合作事业（关于农具改进方面）；2. 协助云南省训练本省公费留美预备班学生；3. 与资源委员会合作（各项专题研究）；4. 本系机械实习工厂商业化（补助学生实习）；5. 民国二十七年本系三年级学生参加抗战工作（临时大学在长沙上课仅一学期，首都即告沦陷，学校又将迁往昆明，时系主任庄前鼎先生劝三年级学生参加抗战工作，有二十九人志愿入装甲兵团（后扩充为二百师）服务，后被保送至陆军交辎学校（现陆军机械化学校）受训，毕业后回二百师担任战车、汽车之修理及保养，工具材料之采购及管理，并赴前方担任汽车运输、伤兵救护等工作，成绩优良。嗣后该生等陆续回校完成学业，其中有服务达四年之久方取得允许复学者）。

（乙）复员以来，去岁决定复校后，本系由五月初即着手进行复员工作，由教师十余人领导技工二十余人分别整理图书、文卷，拆卸机器装箱待运，惟工厂中一部分机器尚须继续开工，替各系制造木箱，迟至八月中使得全部拆卸装箱完毕，大小共装一百八十九箱及不需装箱之机件二十余件，总重约五十三吨，装箱工作均由同人亲自监督，时或自行动手，故运到箱件均完整，极少损伤。第一批最急运者八十五箱，重十六吨，于七月中起运，十月中抵达。其时本系教师亦相继到校，因有鉴于工作之需要，即组成工厂、热工试验室、金属试验室，及图书等四委员会推进工作，并准备开学事宜，诸如馆舍之修理，课室绘图室之布置，课程之分配，各试验室工厂设备之装配，图书室之整顿开放，急需之工具设备材料及参考书之添购等，皆分别缓急着手进行。本系能如期开学上课，困难得以减少，系中同人之努力及合作之精神有以致之。兹将各部分情形分别简述如下：

（一）馆舍之修理——复员之初，本系原有之机械馆及金、木、锻、铸各工厂，经敌人八年盘踞，馆舍虽存，而内部设备皆被搬空，房顶漏雨，天花板、地板墙壁、门窗等之失修，五金、电灯、暖气、卫生等设备皆被破坏无存。凡此种种，经半年来日夜赶修，虽未臻完善，然现已可勉强应用。机械馆楼上现有课室四间，可容三百五十人，绘图室三间，可容一百九十人。其余教师办公室及系图书室等亦均于开学时布置就绪。机械馆楼下为电厂及热工、金属二试验室，可容八十人之试验。金工厂可容六十人之实习，木工厂可容四十人之实习，锻工厂可容三十人之实习，铸工厂可容四十人之实习。

（二）教职员及学生——本系现任教授副教授共十位，教员助教十三位，职员五位。学生共二百六十七人，计一年级一百三十八人，二年级三十九人，三年级四十七人，四年级四十三人，较之战前全系一百零三人增加一倍半。

（三）课程——课程方面与在联大期间无甚变更，全系连同为他系及工学院共同必修所开设之学程共计四十余种。其中制造方法、工具学、工具设计、近代应用力学问题等，为多年来因无适当教师向未开设之学程。本年度得孟庆基、钱伟长二先生参加本系，已能开设，其他学程之说明因较长兹从略。

（四）设备及实习——本系为供学生实习及教师研究设有金工、木工、锻工，及铸工四厂，并热工、金属二试验室，其中金属试验室系新设，所需最低基本设备已向美国洽购外，其余皆系原有。由昆明运回之设备，第二批运到七十七箱，连同第一批之八十五箱已有三分之二到校，余三分之一尚在途次。目前学校因限于经费，仍须以此项旧老之设备为基本部分。新添设备须视学校经费能力逐步推进，兹为增进学生了解及补充设备之不足，已向美洽购有关机械工程之活动电影及幻灯图片，在此学生课本不全，图书设备残旧且欠缺之过渡期间，利用电影幻灯片传授，实为一最优良之补救办法。本系经同人等之努力，将昆明运回之设备赶办装置，第一学期开学后五六周，各工厂实验室已能开始实习，尚未装设之机器亦在加紧进行中。

（五）系图书室——为本系师生阅读及参考起见，在机械馆楼上专设图书室一间，现有参考书八百余册，新旧杂志七百余册，以上图书大部分系由昆明运回，小部分由校大图书馆提出，另有参考书约五千册系本系旅美之毕业同学购赠。现有图书，多版次过旧，较新之参考杂志等，急待添购，已向各大书局索取目录，设法补充。此外，美国 James F. Lincoln Arc Welding Foundation 捐赠本系有关接焊工程之图书八十余册，尚未寄到。本系为补充教学参考，曾向美国各大工厂八百余处函索说明书，现陆续寄到者已不少。本系教授刘仙洲先生现在美研究，并为本系搜集有关机械工程之著述及试验报告等。

三、电机工程学系

在卢沟桥事变之前二年，我校因鉴于局势恶化，将一部分仪器设备装运汉口，本系一部分仪器随同南迁，抗战军兴辗转至昆明，经一年有余之跋涉，始于民国二十七年在昆明东郊之迤西会馆权作编安之计，以会馆为讲堂，以庙宇作实验室，虽物质之设备较差，然向学之精神则无异往日，更赖我同人积极努力，不周年而实验室之设备，均已勉强装添完成，一切实验，皆次第恢复，八年间，用以训练数达百十之电机工程师，皆赖于此。胜利后，学校当局宣布迁平复校，消息传来，至为兴奋，但自复员以来，吾人所遇之困难，并不减于抗战期间，然吾人亦加倍努力，共同克服艰难，而谋发展，兹将半年来本系之工作，简要报告如后：

（一）布置实验室：数月来，本系之中心工作，既为积极布置各种实验，以便恢复各学程之实验，并力图其内容之充实，但由昆明北运之仪器图书，除一部分急运者外，余均滞留沪汉等地，故开学之日，一切仪器设备，皆不足以应付实验，为应急之计，一方面派员多方探听在市上搜购廉价之日货仪器，一方面利用原有材料，积极改制用之仪器，并将各种实验之讲义，重行编写，以配合近年来各方面之进步，计自去年十二月中起，本系各学程实验，均已陆续恢复。

（二）延聘教师：本系教授随校由昆返平者仅二人，在国内外邀请各教授中，已于上学期到校者二人，下学期到校者二人，另请兼任者二人，教员助教共十一员，故目前所开学程，应付较为裕如。但因本系学生本年人数激增，下学年须增开班次，刻正分别敦请国内外知名学者充任教授，已有良好之收获。

（三）改订学程：本系现行学程，大致系参照数年前之部定学程，及考虑抗战中之特殊情形而拟，今抗战胜利结束，而科学进步日新月异，旧学程亟有修订之必要，本系于开学以来，积极收集参考资料，商讨改订，今已重拟学程表一份，不久将由教务处公布，自下学年起实行。

（四）增加选修学程：本系自本年度下学期起，添授对称分量等二学程，予学生以选习机会，并计划于将来增开选修学程，以为加设研究院之准备。

（五）举行学术演讲：本系为唤起同学对于学术研究之兴趣，及明了目前国内外各种有关电机工程之进展情形起见，特于去岁十二月起，恢复学术演讲，分普通及系统演讲两种，于每星期举行一次，轮流请各教授及校外知名学者讲演。

此外本系以原有设备多半陈旧，亟应添置，又以本系学生人数激增，预计两年后有本系学生二百人、外系学生四百人做实验，所需仪器设备甚多，而添置研究所需之设备亦不宜再迟，故已组织仪器图书选购委员会，分别进行询价及订购手续，工作至为忙碌。

四、航空工程学系

本系成立于民国二十七年夏，时值抗战，系内图书设备甚为简陋。过去八年中，共毕业学生一百五十余人，服务国内航空界，成绩良好。

自去年复员以来，系中设备日在添置中，计空气动力学方面：已制成烟洞一只，可供学生简单试验之用，二号风洞亦已开始建造，风速每小时可达二百哩①。发动机方面：原有 F. ord v/8 引擎一架，朋兹柴油机一架及四门子航空发动机一架，近空军司令部拨赠日本气冷式航空发动机四架，均可供学生实习之用。近又在向美订购 C. F. R. 引擎一架，以便做实习上教授研究之用。飞机结构方面：近空军司令部拨赠战斗机一架，可供学习实习之用，近拟向美订购万能材料机一架反应变仪，以便做飞机静力试验之用。关于图书方面：有航空书籍二百余册，新书正在订购中。

本系学生人数已增加至一百四十六人，故设备及教师均拟增加，教师近有教授五人（一人请假），教员一人及助教五人，以后拟再增聘。

五、化学工程学系

在战前本校原无化学工程学系，抗战期中，西南联合大学时代，此系由南开大学并入，复员后，本校感于化学工业之重要，因呈准增设，成立伊始，仅有一年级新生八十人。系中一二年级课程，几全仰赖于化学与机械二系，故筹备一节，可稍从容。其已推进者，师资方面，已约聘教授五人，下年度想均能到校，目前已有助教二人，下年度将添聘三人，亦均已约定。书籍方面，已有去岁全年齐全之杂志四种，今年又添订三十六种。自成立系图书室后，由大学图书馆领取图书百二十册，并已向英美订购图

---

① 1 哩 = 1609.344 米。

书二批，约共四百册，大半均系最近数年所出版者，其中首批百册，不久即可运到。设备方面，已添置试验桌二十张，计划于下年度开学前，可完成一部分试验室，供同人研究之用。下年度结束前，成立化学工程与工业化学二试验室，其中器械拟自制者占半数以上，其必须购自国外者已向欧美各厂家询价，所有器械，待学校分与设备费后，即可进行购置。后年度起，筹备已可告一段落，即可添设研究院，并成立其他实验室，俾系中所设学程之需试验者之应用。目前之困难厥有两端，一属经济方面，处今学校经费困难之际，欲谋设备之充实，困难必多。其次属房舍问题，校中目前已无力添设新馆，故仅能暂拨现有房舍之一部分勉强应用，是则当为权宜之计。

六、建筑工程学系

建筑学是谋取解决"住"的需要的学科，这"住"广义的包括日常生活所接触的一切建筑物与环境。本校建筑系的设立，目的在研究这种需要的解决方法，并直接训练解决这问题的专才。现在建筑学的潮流，已不仅仅是谈实用坚固美观，当然更不以造高楼大厦，标新立异为满足，因任何一座建筑物，皆不能离开其所在的环境而论其适用与价值，现今所要解决问题的对象，不是少数富有者的享受，而是广大民众的福利。吾们要从社会情形来完成建筑，谋取市镇的改进，与辅导市镇体系与秩序的建立。因此之故，本系下分建筑与都市两组，冀除训练建筑人才外，同时更培养市镇规划的专门人员，此在国内尚属创举。

本系为胜利后所创设，无成规可循，系主任梁思成先生为计划采取最新的教学方法，膺命赴国外考察建筑教育之近况，并接洽图书模型之购置。开学后系务迄由土木系教授吴柳生先生兼为主持。当本系草创之始，一切工作自不无困难，兹将半年来工作情形简述如下：

（一）关于系务之推行者——1. 各级课程之编排：参考国外建筑学校现况与部定标准而拟定。本学年已开课程有：制图初步、古典型范、预级图案、素描、阴影画等。2. 图书之购置：在美定购之大量图书杂志，不久即可运到，又美建筑师 C. Stein 将其私人多年来珍集之图书照片百余种，捐赠本系，此项图书，已抵塘沽，不久可运平。此外本系对珍本图书，亦不断觅求，近收得清圆明园建筑算例等手抄本多种。3. 设备之添置：复员后，本系商得国立北平艺术专科学校之协助，代为翻制石膏像及几何模型二十余件，其他书架图板等物，或已添置或在计划中。4. 系阅览室之成立：本校图书馆旧藏建筑图书杂志及新到期刊共二百余册，另辟专室陈列，供本系师生参考。5. 研究所之进行：本年暑假拟招收研究生。

（二）关于学术之研究者——本系与中国营造学社合办建筑研究所，原计划分都市、建筑、附属艺术及服务部四部门，近因营造学社复员不久，研究工作尚待展开，目前所致力者，在将旧有调查报告整理发表，即此一项工作，亦非短期内所能竣事。

（伍）农学院

远在十五年前，本校曾奉教育部令，筹备设立农学院，惟以当时不愿草率从事，乃于民国二十三年秋，先行设立农业研究所，其主旨即在准备日后扩充为农学院之基础，分设植物病理学暨昆虫学两组。对于研究积极进行，历年均有工作报告刊布。迨七七事变发生，本校南迁长沙，翌年再迁昆明，对于农业研究工作从未间断。并在原有之两组外，增设植物生理组，抗战期间，在极艰苦之境遇下，工作继续进行，所有研究结果，曾陆续发表于中外各学术杂志。二十八学年度开始训练研究生。胜利后，复员返平，经积极之筹备，乃于客岁（三十五年度）正式将农业研究所扩充为今日之农学院，兹就本院概况逐项报告如下：

（一）设院主旨及研究中心——本院成立之初，因鉴于吾国现实农业教育，率多偏重技术训练，缺乏研究之倡导，而一般农学院之研究工作，概凭个人兴趣分别发展。既少联系，尤无协力研讨某种共同问题之举。同时为适应目前国内之切实需要起见，拟在教授一般农学课程外，复以造就农业科学研究人才为主旨。研究工作之内容则以少数重要问题为中心，除由各系在互相合作之原则下进行研究外，并力求与理工等学院取得联系。

（二）学系之设置及人才之延聘——关于本院学系之设置，原则上大致如前所述。为求适合训练及研究起见，除将农业研究所原有三组改为学系外，另加入农艺学系暂时成立四系。至于应行添设之园艺，兽医，畜牧及农业化学等系，将来视环境之需要与经济情形，再行酌增。每系教授应有四至六人，但目前恐难如数延聘，是故除农业研究所旧有之教授外，去年度应事实之需要，曾多方洽聘，迄今已有少数到校，下学年更有数位增加。

（三）学生名额及训练方针——本院招生欲质重于量，名额之多寡，端视国家需要及学校经济力量而定。现除有研究生两名外，仍拟继续招收各系研究学生，本科生则于本年秋季开始招收。至于教学方面现在拟议中尚待详商决定者，大致拟分为前后二期，前期二至三年注重理化、数学、生物、地质等基本科学，俾使学生得有良好科学基础，经此期训练后，一部学生可以转攻医学或生物科学，后期训练则按学生志趣分为两类：甲、本科生（四年毕业）此期为两年，其间授以实用之农业课程，毕业后得授予农学士学位。乙、应用生物学科，五或六年修业（前后期共计）与本系研究院取得联络可授予硕士学位。在此期内教授农业基本学识外，并使学习科学研究方法，俾得专攻某门农学或与农学有关之理工学科。

（四）现有设备及目前工作进行情形——本院新设未久，一切教学应用图书仪器，均待充实，虽原有三组之研究设备在迁校期间幸无损失，然欲以供教学之用，仍感不足。他如院址问题，因原有之圆明园旧址，尚无建筑物可供利用，清华园内校舍亦感不敷，现时只得以去岁接受之前伪建设总署立土木工程专科学校为院址，数月来，经积极之整顿，业已大致就绪。其他各种设备工程，亦均按照原订计划陆续进行，最迟于本年暑假招生前当可全部完竣。

一、植物病理学系

本系原为农业研究所植物病理学组。成立于民国二十四年，对于华北植物病害调查研究及病害防治试验，积极进行。二十六年七七事变发生，试验材料、标本及试验记录，均经散失。二十七年迁滇后，根据在滇调查结果，重行拟定研究计划十九项进行工作，以迄抗战胜利，多数已有结果，并获得抗病之优良作物品种多种，该项种子已分送云南各农业机关，以备推广之用，研究报告已刊布于中外各学术杂志者计三十四篇，已成而未刊者九篇。本校复员归来，农业研究所改组为农学院。本系初因昆明物件尚未运到，室内工作无法进行，乃注重野外采集及调查，第一小楼之改修工程至本年三月竣工，大部分图书仪器亦自昆明运到，现已迁入新址，照常进行研究工作。惟书架、试验桌等木器所缺甚多，亟待添置。抗战期间所损失图书仪器，现正向美订购补充。惟战前在华北一带所采之植物病害标本四千余号，事变时未及带出，已为日人携走，现正设法索回中。本系新聘凌立教授，不久即可到校。

二、昆虫学系

已有十二年历史之昆虫学组，现扩充为农学院之一系，谨将过去工作情形及将来计划，叙述如下：

昆虫学组成立之后，即按照我国昆虫问题之需要，拟定（一）应用研究、（二）纯理研究、（三）专才训练为工作之范围，良以我国害虫十分严重，防治之讲求为当今之急务，但欲求应用方法之尽善，必先立纯理研究之基础，上述计划之实现，尤赖专门人才，故以上三项工作，犹如机械中之联系齿轮，实应同时推动，方可收最大之效果。惟昆虫学组，在草创时期，设备之充实，既需时间，而人力之分配尤感不敷，因此除规划工作之范围外，并参照实际情形，而拟定进行之程序。十二年来，本组依此方针计划工作，虽经空前战变，幸尚能向规定之目标逐渐推进，而完成第一期之计划。

本组战前在平之工作，业经两次刊印报告，故以下所述，仅及抗战期中在滇期间工作之概况。云南地处亚热带，物产特丰，而昆虫种类之繁，尤非北方所能比拟，加以气候温和，终年滋生，因此滇省昆虫问题倍形复杂，而予研究以绝好机会，兹分述本组三项工作如次。

（一）应用研究：注重于与农医工有关之问题，曾进行之研究问题颇多，今择其要者，简述如下。

（甲）虫害调查、（乙）梨蛆研究、（丙）稻螟研究、（丁）钻虫研究、（戊）疟蚊研究、（己）家蝇研究、（庚）白蜡研究、（辛）紫胶研究。

（二）纯理研究：纯理研究为应用研究之基础，关系密切，不可分离，且纯理研究，尤适于专才之训练，本组之所以兼及，即是故也。纯理研究范围至广，设备亦繁，现能致力者，为下述三方面，待设备充实后，再图其他进展。

（甲）昆虫寄生研究、（乙）幼虫分类研究、（丙）昆虫染色体研究。

（三）专才训练：近二十年来昆虫学进步殊速，所分部门渐次独立，研究水准亦日提高，本组为适应国内目前及日后之需要，充分利用其特殊之机会，以专才训练为最终之目的，一切研究计划，均以能兼有训练之功效与实用之价值为准绳。第一期训练，关于农业昆虫方面者四人，分任虫害调查（包括幼虫分类，虫害估计及预报），昆虫生态（包括害虫猖獗学），药物防除及生物防除等部门，其他部门之专才，亦正施训练中，此外并指导本校理科研究所研究生及西南联合大学生物学系之研究，共完成硕士论文二篇，毕业论文三篇。

将来计划，本组改系后，昆虫学研究机构，仍可保存，故此项工作，可依照过去所拟之纲要继续进行，但拟侧重有创造性者，例如 X 光等与昆虫突变之发生，及新杀虫剂之组合等问题。关于教学方面，则拟注意基本学识之灌输，如有可能，形态、分类、生理、生态等课程分量，将予以加重。至于本系之图书设备，在战事发生及复员时承各方之热心协助，予以保藏，及收复之便利，故损失较微。此后之添置，除教学必须者外，拟尽量充实既有之研究设备基础。

三、植物生理学系

本系由植物生理组扩充，民国二十七年始成立于云南昆明，其主旨一在研究中国农业有关于植物生理之诸问题，希冀能使吾国农业借多方面之研究趋于进步。一在为本校将来成立农学院时树一基础，因此自成立迄于今，工作中心较偏重于理论之探讨，唯对于有经济价值之实际问题亦极注重，九年来先后在国内外发表之论文已有八十余篇，所研究之范围有下列各项：

（一）细胞生理之研究 Cellular Physiology，（二）酸醛之研究，（三）植物生长质：Plant Growth Substances 之研究，（四）秋水仙素 Colchicine 引致自变多套型大麦之研究，（五）生物抗毒素 Antibiotics 之研究，（六）除莠剂 Herbicides or Weed – killer 之研究，（七）营养之研究，（八）电生理学 Electrophysiology 之研究，（九）植物之代谢作用 Metabolism in

Plants。

上述为本系工作之大略，详情请参阅本系所发表之论文目录。除研究工作外，本系曾为生物学系指导研究生之研究工作。

抗战胜利，本校迁返北平，校方本昔日之计划，将农业研究所扩充为农学院，原有之植物生理组为符合大学组织，改称为植物生理学系，本年度仅先招考研究生，候本年秋季起再招本科生。

至于研究工作，因复员之仪器、药品及图书大部尚在途中，而本系又系新成立，房屋及设备均需重新设计，经半年之努力，已在农学院大楼二层之东屋成立临时实验室，利用既到之仪器药品及图书，因陋就简，已开始植物生理及生物化学之研究工作。

（陆）体育部

本校对于体育向极注重，四年必修，学生每周必须上体育课两小时，课外活动范围甚广，战前体育设备，几应有尽有。兹除球类运动全部恢复外，各项健身器械，已在国外定购，估计夏间当可达到，主持体育部之马约翰先生，自民国三年来校服务迄今，达三十三年矣，始终以训练学生奋斗与合作精神配合于运动之中。此精神者，我校数千之校友在昔亲受熏陶，当能体会意味，则今日在社会服务之同学将已感受其益，此良好之风尚，当复员之后，依然蓬勃，积之以久，效果益宏矣。

（柒）音乐室

本校音乐活动，最先由奥利微女士主持组织歌乐研究会及声乐班，至海门斯先生时始成立乐队，汤诺夫先生时，组成交响乐队。抗战军兴，音乐导师古普克先生以年迈不便远行，未随学校南迁，全部乐器由张肖虎先生保存。复员以来，音乐室已恢复旧观，而活动范围更见扩大。乐队乐器，除少数损坏待修理外，大部分完整可用，音乐活动，由导师张肖虎先生领导，计有混声歌咏队六十余人，男声歌咏队三十余人，农院混声合唱队、交响乐队及军乐队，六十余人，钢琴班四十余人，声乐班二十余人，理论作品班十余人。经常出席音乐欣赏讲演者约二百人，参加音乐室所组织之音乐活动者计五百余人，几占全校同学四分之一。

上述各项活动，经常每周训练一次，或在西楼，或在大礼堂举行。西楼东屋，已筹借唱片多种，每晚供同学自由选听，每周并由张肖虎先生做音乐欣赏讲演一次。西楼西屋，设有音乐阅览室，陈列理论作曲等书籍。每晚开放阅览，以供乐曲创作之参考。

复员以来，同学对音乐之兴趣，远较战前为普遍。而人数增多，音乐室工作极为繁忙。近已添聘戴世俭女士为导师外，并分由古普克先生、老志诚先生、韩德常女士、宋宝莲女士、斯泰凡斯基夫人作钢琴班之私人教授，祁玉珍女士作声乐班之私人教授，福克斯先生、普乐夫先生、关紫祥先生作提琴班私人教授。而学习人数增多，同学参加音乐活动之兴趣更日有增进，则将来增聘导师负责各部训练，购置电留声机唱片、乐器、乐谱、书籍均属必要。俾得蓬勃猛进，继承过去清华之音乐传统而广大之。

清华自创立以来，音乐界人才辈出，现代音乐之创导人赵元任先生，现代作曲家黄自先生，钢琴家兼作曲家李维宁先生，声乐家兼作曲家应尚能先生，钢琴名家姚锦心女士，提琴名家陆以循先生，均系清华校友。音乐室同仁之希望，不仅在提高同学之音乐兴趣，抑且求其造就现代音乐界之人才也。

（捌）图书馆

　　战前本校图书馆规模之大，藏书之丰，在学校图书馆中，堪居首列，但抗战期间损失太重，恢复旧观实非易事。盖自七七事变学校南迁，初止于长沙，北大、清华、南开三校图书馆与北平图书馆合作。翌年春再迁昆明，本校乃于办事处独辟图书室，是时事变前南运（华北紧张时，本校已将一部分重要图书仪器南运）之图书，仪器四百余箱已由汉入川，至二十七年冬，始将一部分由重庆运抵昆明，因当时交通极度困难，所提运者仅为各学系选择之急需图书，共一百三十六箱，计中西书籍二万余册，其余留存北碚，后于二十九年为敌机所毁，仅存烬余三千余册，此为战时损失之一部分。至留存北平之图书敌军占用校址之第一年内无何变动，至三十年八月敌军将所有图书发交北大图书馆、近代科学图书馆、新民会、教育总署等敌伪机关分存，其时已被掠夺散失不少，仅北大与近代两处，尚有目录可查。胜利后已就存在者分别收回，惟新民会部分先由北平市党部接收，除图书收回一部分外，所有报章期刊因存于南海瀛台久不发还，已全部散失，总计复校后收回之书籍约为战前所有之一半，此大量之损失殊非短期内所能补足矣。南运之书除一部分在北碚被炸毁外悉以供昆明联大师生应用。因自二十七年西南联合大学成立，各学系及本校研究所八部门，均须用书，本校图书馆乃加紧整旧置新工作，同时在北平时所订之国外图书期刊，亦陆续转到，整理就绪，当时借予联大各学系者，计图书五千六百六十一册，期刊九百八十四册，借予各研究院者，图书二百二十五册，期刊一百八十四册，共计不下七千余册，其余一万余册，留存馆内，供众阅览，此旧藏图书南迁之情形也。其次，在昆明订购西文书四千余种，西文期刊三百余种，中文书亦随时增补，至大战爆发，办事处被炸，图书馆迁至郊外大普吉镇继续工作，计至复校前新书西文者登录三千八百六十七册，中文者九百六十一册，连同旧藏者，现已陆续运返校园。

馆舍情形，在抗战时期，日军以图书馆作外科病院，阅览室改为病房，书库改为手术室及药库，破坏不堪，开始复校后，亟谋恢复旧观，现已恢复三个阅览室，第一阅览室阅西文书及指定参考书，第二阅览室阅中文书，第三阅览室阅期刊，第四阅览室阅报纸，在准备修复中，旧书库无大损坏，新书库原有三层，已修复两层，办公室及文法两院各学系研究室均已完全恢复，惟门窗地板、暖气、灯光（停电时用汽灯接济）及其他设备，事关全校工程步骤，虽大体可用，尚未全复旧观也。

截至现在，馆中藏书，计有中日文书十五万八千五百九十一册；西文书五万二千七百四十九册，装订本期刊三万零四百七十册。阅览室每日早八时至夜十时，整日开放，中途不停，平均每日来馆阅书者，一千五百余人（逐日有统计）。如开始借书，人数当更增加。馆中组织，暂分六股：（一）采录，（二）中文编目，（三）西文编目，（四）参考阅览，（五）期刊，（六）庶务。共有职员二十四人，勉于上学期上课时，先开放一二阅览室，供应参考书，满拟第二学期起始时开放第三阅览室，开始借书，乃因整理目录，又须兼顾编制新书，竟未能如计划实现。此馆中同人所至感不安者。学校受员额限制，未能予图书馆以充分人手，然工作不能顺利进行，图书未得充分利用，所影响于全校师生研究者甚大，希望最近将来，逐步开展，恢复以前规模，尽量予全校师生以阅读研究上之便利。

1947 年

第四章

西南联大的精神家园

国立西南联合大学要览

一、学校沿革

民国二十六年七月，平津陷于倭寇，北方各大学南迁，北京大学、清华大学、南开大学奉教育部命于长沙联合筹设新校，定名为长沙临时大学。以北京大学校长蒋梦麟、清华大学校长梅贻琦、南开大学校长张伯苓、湖南教育厅长朱经农、湖南大学校长皮宗石，及教育部代表杨振声等为临时大学筹备委员会委员，于十一月一日筹备就绪。理、法商、工三学院在长沙韭菜园圣经学校，文学院在南岳圣经学校分别上课。迄年终首都沦陷，武汉震动，乃西迁入滇。大部员生步行，于二十七年二月二十日离长沙，四月二十八日到昆明。并奉教育部命，改校名为国立西南联合大学，仍由三校校长为常务委员主持校务，于五月四日恢复上课，租借蒙自海关旧址等地为文、法商两学院校舍，租借昆明西门外昆华农业学校为理学院校舍。并租借昆明拓东路迤西会馆、全蜀会馆为工学院校舍。总办公处则设于城内崇仁街四十六号。同时在城西三分寺附近购地百二十余亩建筑校舍。是年夏以文、法两学院远在蒙自，管理不便，并奉教育部命增设师范学院，因此又增租西门外昆华师范学校、昆华工业学校，并向云南省政府商借城内昆华中学南院、北院为校舍。师范学院即设于昆中北院，以南院为女生宿舍。文、理、法商三学院则分别在农校、工校等处上课，总办公处则迁设于才盛巷二号。二十八年春复为办事便利计，迁至昆华工校。是年夏，新建校舍落成，勉敷理、文、法商三学院之用，并恢复各科研究所，仍由北京、清华、南开分别办理，以存三校之旧。二十九年夏工校租约届满，迁总办公处于昆中南院。是时安南屈服于倭寇，云南戒严，奉教育部命于四川叙永筹设分校，置一年级生于分校上课，以备万一。是年冬，昆中南、北两院被敌机炸毁，复将师范学院迁入工校，总办公处迁至新校舍。三十年夏，以昆明局势稍稍稳定，复将叙永分校结束，另租昆华中学新校址一部为一年级生课室及宿舍。八月中新校舍又遭敌机轰炸，旋赶即修复，十月初仍得按期上课。自去冬以来，因空袭渐少，省立各校陆续迁回昆明，至今夏昆中新校址及昆工之一部均须让还，而本年学生人数较去年复稍有增加，校舍支配遂更感困难。去年曾有于距城五里之龙院村附近购地另建师范学院校舍之计划，嗣以经费无着，而年来工料价目又复大涨，盖亦难望进行矣。

二、行政组织

本校行政由常务委员主持。遵照部章分设教务、训导、总务三处。教务处分设注册组及图书馆（兼理讲义印刷事宜）。训导处分设生活指导，军事管理，体育卫生三组（设校医室）。总务处分设文书、事务、出纳三组。

三、校舍及设备

本校仓促迁滇，员生众多，值当地各学校疏散至各县，乃得租借应用，同时并购地鸠工赶筑新舍，其间因租约及敌机轰炸等等关系，仅工学院始终设于拓东路迤西及全蜀、江西三会馆内；此外，各学院屡经播迁，二十八年夏自建校舍落成，文、理、法商三学院乃有稳定校舍。自总办公处迁入新舍后，全校重心，亦移于此，计占地一百二十余亩，位于昆明大西门外，负山附廓，远隔市廛，地既清静，宜于读书。图书馆即设于此，阅览室可容八百人，拓东路工学院分馆阅览室系一会馆大殿改造，可容四百人，师范学院分馆可容二百人。分设于各学院之专门期刊室，每室可容三五十人不等。截至三十年底自购藏书，计中文书籍二万九千七百余卷，两文书籍一万二千一百余册，其中大部分系三校藏书迁运来滇供本校利用者，其余系在湘滇就地采购及由国外购来或经外人赠送者。至于理工方面设备，本校成立时，曾得中华教育文化基金董事会补助十万元。又管理中英庚款委员会补助二十五万元，用于理工设备者约二十万元。是时物价尚未上涨，海外交通未受阻隔，本校得以购备急需之物品，嗣后三校运滇之仪器机械已有相当数量，加以本校历年经常费内陆续增购者，以较三校原有设备虽相去甚远，尚能勉敷教学之用。各系实验室自新校舍落成后，亦粗具规模。工学院学生所需实习工厂，则就租用之会馆房屋，商得业主同意，加以改筑，一切设备，皆由理工设备设计委员会负责筹划。本校成立之初，每年预算保留百分之二十作添置图书设备之用。近两年来一因海外交通断绝，一因物价腾涨，薪津、办公各费常感不敷，不得不将设备预算酌为匀减。此亦目前权宜之办法耳。

四、院系情形

本校现设文、理、法商、工、师范五学院，计分二十六系。工学院附设电讯专修科，师范学院附设初级部（详见附表）。三十一年度注册学生，计男二千四百五十一人，女三百二十七人，共二千七百七十八人。（梅注："此数最后尚有增加，请与注册组核对。"）分院统计文四百一十二人，理三百二十二人，法商八百九十一人，工七百八十四人。师范二百七十六人，先修班九十三人，研究所六十人，各院系教师计文七十七人，理一百零六人，法商四十二人，工七十三人，师范三十六人，连同先修班及各系共同修习之体育军训等教师共计三百五十八人。历年毕业生共计五百八十一人（三校旧生在联大毕业者未计入），除入研究院深造者外，大都服务于军政学及各实业机关。每届暑假，各界纷纷来函征用，供不应求，尤以理工两院毕业生为甚。然本校各科研究所系由三校分别办理，已见上述，现设科部，计文科研究所，设有：（一）中国文学部；（二）外国语文部；（三）历史学部；（四）哲学部。理科研究所设有：（一）算学部；（二）物理学部；（三）化学部；（四）生物学部；（五）地学部。法科研究所设有：（一）法律学部；（二）政治学部；（三）经济学部；（四）社会学部。工科研究所设有：（一）土木工程学部；（二）机械（附航空）工程学部；（三）电机工程学部。

五、学生生活

本校学生大多数来自战区，生活至为艰苦。全校学生二千八百余人，持贷金及补助金生活者，达十分之七八。但贷金仅勉敷膳食。年来昆明物价高涨，以较战前约在百倍以上，各生必需之书籍纸笔以及布鞋等费，最少限度亦月须二百元左右。惟在艰难困苦中，反易养成好学勤读之习。每值课后，群趋图书馆，宏大之阅览室，几难尽容。其经济来源完全断绝者，率于课余从事工作，稍获酬报，以资补助。

学生团体主要者为学生自治会、三民主义青年团及各系学会、各级级会，此外尚有临时组织之各种学术讨论会。每每敦请学者名流做公开讲演，对于社会服务，亦颇能尽力，如举办平民夜校、兵役宣传、防空宣传、征实宣传等等，成能利用余暇，尽力以赴。又因年来社会上对于话剧已有相当爱好，复经有识者提倡，本校学生对于话剧兴趣亦颇浓厚，曾于募损劳军时上演数次，颇得好评。对于劳作方面，亦渐知重视，除分任清除校园外，并于校中隙地芟夷草莽，种植蔬菜，以佐餐食。则于训练之外，兼得补助生活之益也。

六、学术研究

本校播迁来滇，三校旧教员大多随校南来。虽在颠沛流离之中，并受物价高涨影响，几至饔飧不继，然对于学术研究，仍一本旧贯，不稍懈怠。各教员研究所得，除由三校学术刊物量为发表外，并在本校各学会公开演讲，或将稿件分送中外各杂志刊登，以昆市纸价昂贵，印刷困难，未能自行出版。又如冯友兰教授所著《新理学》，金岳霖所著《论道》，华罗庚教授所著《堆垒素数论》，许宝騄教授所著《数理统计》论文，陈铨教授所著《野玫瑰》等书，已由教育部学术审议委员会审定给奖。此外呈送著作尚在审议中者复有多人。又如北京大学出版之四十周年论文集，清华大学出版之三十周年纪念学报及《社会科学》《工程季刊》——理科论文在沪印刷者，因太平洋战起未能完成——虽所收各不过二三十篇，要以见诸君数年来努力结果之一斑耳。

1942 年 12 月

附：西南联合大学教学、行政机构系统表

西南联合大学常务委员会
- 总务处
  - 文书组
  - 事务组
  - 出纳组
  - 会计室
  - 工程处
- 教务处
  - 注册组
  - 图书馆
  - 出版组
- 训导处
  - 体育卫生组
  - 军事管理组
  - 校医院
- 文学院
  - 中国文学系
  - 外国语文学系
  - 哲学心理学系
  - 历史学系
- 理学院
  - 算学系
  - 物理学系
  - 化学系
  - 生物学系
  - 地质地理气象学系

西南联合大学常务委员会
- 法商学院
  - 法律学系
  - 政治学系
  - 经济学系
  - 社会学系
  - 商学系
- 工学院
  - 土木工程学系
  - 机械工程学系
  - 电机工程学系
  - 航空工程学系
  - 化学工程学系
  - 电讯专修科
  - 其他
    - 工程算学组
    - 工学院训导员
- 师范学院
  - 国文学系
  - 英语学系
  - 史地学系
  - 公民训育系
  - 数学系
  - 理化学系
  - 教育学系
  - 师范专修科
  - 先修班
  - 体育部
- 西洋哲学编译委员会

1942 年 12 月

关于航研所事

案查本校在南昌设立航空工程研究所，迭蒙贵会指导，并拨给经费，以利进行，实深感荷。该所本年度预算书，前经连同研究工作报告，抄陈贵会，蒙委员长本年六月二十四日电谕开："铣电诵悉，南昌航空研究所准予补助十八万元，希知照"等因，当于七月间向贵会领到第一期协款洋四万五千元。现当全面抗战开始，我空军忠勇将士，在贵会训导指挥之下，屡建奇功，扫除敌氛。凡我国人，咸深感佩。本校南昌航空工程研究所之筹设，本为应国家航空发展之需要，今夏特约世界航空工程权威冯·卡门①博士来华，对于研究工作切实指导。七月中旬，复蒙委员长及秘书长面嘱积极进行。当此国家需要迫切，敢不益加努力，以副国人之望。兹将该研究所最近工作情形略述如下：

一、航空研究风洞之土木工程，现正加紧进行，虽在敌机轰炸威吓之下，未尝稍懈，预计两个月后可以完工，其他机件运到后即陆续装配。

二、航空研究所教授华敦德（美籍）②、马桂连③、秦大钧④、林同骅

---

① 冯·卡门，匈牙利犹太人，后加入美国国籍，被誉为"美国航空之父"。我国著名科学家钱学森等为其亲传弟子。

② 华敦德，时任清华机械系航空讲座教授。

③ 冯桂连，清华大学1929届毕业生，时任清华航空工程学系教授兼清华航空研究所筹委会成员之一。

④ 秦大钧，时为清华航空研究所教授。

等现正协助贵会第二修理工厂设计某种驱逐机，以便实际制造。

三、本校航空组教授、学生，现已蒙贵会电准，借用航空机械学校房屋在南昌授课，他校学生亦可借读。

以上三项，对于航空研究及设计制造、训练学生同时进行，期以最大之努力，收最大之效果。惟经费方面，本校因战事影响，收入紧缩，而航空工程研究所工作又不容中途停顿，拟恳贵会仍照委员长原批之数，按期补助，并请将第二期协款四万五千元即日赐拨，实为公便。除本校工学院顾院长毓琇①携带印领前来贵会面洽领款外，相应检送"请领第二期协款申请理由书"，函请贵会查照，即予赐拨，以利进行，并祈见复为荷！

此致
航空委员会。

校长　梅贻琦

1937 年 11 月

---

① 顾毓琇，字一樵，清华大学 1923 级毕业生。时为清华电机学系教授兼工学院院长。稍后即出任国民政府教育部次长。

关于"特研所"事（一）

　　案查本校前与贵会商定特种研究合作办法，并蒙贵会慨允拨助经费在案。现无线电研究所工作已在汉口、长沙二处积极进行。汉口方面，真空管实验室业已设备完成，现正着手制造真空管，以利军事通讯之用。贵会电气室一部分人员及仪器，最近亦因首都工作困难，迁入本校汉口无线电研究所，共同合作，收效当更可观。长沙方面，现在一面从事短波无线电之研究，一面训练电机、物理两系学生，注意于无线电之实用。现专任研究之教授，计有任之恭博士、孟昭英博士、叶楷博士及范绪筠博士等，均已到所工作。汉口方面除与贵会电气室技术人员合作外，并得华中大学卞彭年及……教授之协助。长沙方面，兼有北京大学教授朱物华博士及南开大学教授张友熙硕士加入研究。此外贵会电工器材厂蒋葆增先生处亦曾取得联络。当今全面抗战开始之时，无线电之研究，实觉刻不容缓。惟本校近因战事关系，经费来源紧缩，而无线电研究所创办伊始，需款尤多，拟恳贵会依照补助本校无线电研究所经费半数之原议，拨给本年度补助经费，以利研究，而便进行，不胜公感。除派本校工学院顾院长毓琇携带印领前来贵会面洽领款外，相应函达，请烦查照，即予赐拨，并希见复为荷！

　　此致

军事委员会、资源委员会。

校长　梅贻琦

1937 年 11 月

关于"特研所"事（二）

敬启者。敝校为求对于我国人口及相关问题获得研究技术及搜集材料，以便对于政治、经济及社会的建设有所贡献，并期为辅助学术的研究作试验的调查工作，乃于迁滇之始，设立国情普查研究所，并选定贵省呈贡县为人口普查试验区，业于民国二十七年组织顾问委员会，聘请贵省行政长官为名誉顾问，计有：省政府秘书长袁丕佑、绥靖公署秘书长赵宗瀚、前任民政厅厅长丁兆冠、现任民政厅厅长李培天、教育厅厅长龚自知、建设厅厅长张邦翰、财政厅厅长陆崇仁诸先生，以期多获指示，俾利推行。随即商请民教两厅分令呈贡县政府，合组人口普查研究委员会，除聘本校教授数人参加外，并聘前任呈贡县县长李晋笏、现任县长李悦立两君及敝校国情普查研究所所长陈达为常务委员，主持该县普查工作。该会成立以来，其工作已告一段落者，计有呈贡县人口普查，并已出报告一种，名曰"呈贡县人口普查初步报告"，兹特随函奉赠一册，敬希察收，不吝赐教。至呈贡县农业普查调查工作，已于今年春季完竣，其材料现正在整理中。人事登记工作已于民国二十八年九月在呈贡县二十七乡村试办，业于今年二月推及全县。兹因性质上之需要，或须于短期内将上项普查工作扩充于邻县，用特备函奉达，尚祈贵省政府查照，惠予指导，俾利进行，无任企幸之至！

此致
云南省政府。

校长　梅贻琦

1940 年

附：清华大学国情普查研究所拟办呈贡县实验工作大纲、目的及办法

（一）实验的初步工作

（1）社会调查（包括人口普查）：

（甲）试验近代式的人口普查；

（乙）供给战时及平时行政的一部分事实。

（2）人事登记：

（甲）生育登记；

（乙）死亡登记。

（3）农业普查：

（甲）土地利用的情形；

（乙）农作物及食粮的生产及运销情形。

（二）材料整理的方法

（1）由中外流行的统计方法里，选择最重要的数种，每种算出结果，以资比较及研究，特别注意下列各点：

（甲）可靠程度；

（乙）计算员的人选及人数；

（丙）计算及整理所需的时间；

（丁）整理的经费。

（三）实验目的

（1）有些事实的搜集，对于云南省政府及中央政府的行政，有适当的需要，如：

（甲）壮丁的选拔；

（乙）选举的推行；

（丙）租税的举行；

（丁）义务教育的推行；

（戊）公众卫生的推广；

（己）贫穷的救济。

（2）有些方法的试验，是搜集前述事实的必要工作，特别关于：

（甲）可靠性；

（乙）经费；

（丙）人才的训练与利用。

（四）为实现上述目的，最有效的办法是政府与学术机关的合作，前者负行政及推动的责任，后者负技术及经济的责任。

（1）政府与学术机关的合作，国内他处的前例已日见其多，如河北的定县及山东的邹平县。

（2）今略述资源委员会（包括金陵大学）与江苏句容县的合作如下：

《试办句容县人口农业总调查报告》第一部第二节调查以前的筹备（第一段）：

"我国行政区域，最小为县。此次试验调查，亦以县为试验范围，以图行政上之便利。句容县的财力人力，在江南各县可算中等；距离南京，亦不为远；粮食生产的情形，也还复杂。进行此县调查，既合试验目的，且便于工作进行；所以在试验调查计划中，即拟定句容为施行调查之地点，并为办事手续上便利起见，特函商江苏省政府指令句容县自行清查全县农业状况，本会即以政府聘请名义，主持其事。时句容县长为许荣氏，对于此项工作深具热心，遂于一月十日起开始进行。"

（3）为本次试验的方便，最好请民政厅令呈贡县与鄙所合作，由呈贡县负行政及推动的责任，由鄙所负技术及经费的责任。

1940 年 3 月

给西南联大电讯专修科的题词

国立西南联合大学电讯专修科第一届毕业生：

电讯工程为沟通声气传播消息之利器，其在军事上之为用尤属重要。诸君在科两年，粗具根底，今后望各本其所学，应用而宏大之，则于国家抗战建国之贡献岂浅鲜哉！诸君勉之。

梅贻琦　题

1940 年 6 月

关于联大校舍被炸的启事

　　谨启者：二十九年十月十三日，敌机袭昆明，竟以联大与云大为目标，俯冲投弹，联大遭受一部分损失，计为师范学院男生宿舍全毁，该院办公处及教员宿舍亦多震坏。缘该院校舍系借省立昆华中学之一部，房屋稍旧，而环学校四周，落弹甚多，故损毁特巨。清华在西仓坡之办事处前后落两巨弹，幸该房屋建筑尚坚固，仅玻窗、屋顶有相当损坏。本校在办事处自建一防空洞，原为存储重要卷宗，筑在屋之后身荒园内，而屋后所落之弹，即紧逼此洞，遂全部震塌，经发掘后，物件受损不大，卷宗完好，惟有工友二人，平素忠于职守，每值警报声作，均不外出，愿留看守，是日匿避该防空洞内，竟以身殉，实堪悯惜。外此全体同人及眷属与联大全体师生，均各无恙。联大翌日照常上课，本校办事处即将整理过去工作，部分迁移乡间办理，其他部分，均恢复常态矣。近日辱承各地友朋，函电纷来，备致慰问，谨将经过情形，略述如上。总之"物质之损失有限，精神之淬励无穷，仇深事亟，吾人更宜努力"。此二十八年校庆日贻琦所书以自勉而与同人共勉者，今仍愿由此义，敬为我亲爱友朋告焉。

梅贻琦谨启

1940 年 10 月

关于"一二·一"惨案在记者招待会上的讲话

昆明各校学生自上月二十六日起罢课，实为至不幸之事。关于此事经过真相，联大教授会曾经发表声明。其内容追溯事起之初，由于云南大学、中法大学、英语专科学校及本校四大学学生自治会于十一月二十五日晚假本校校址召开时事讨论会。当日上午，本校及云大当局曾特应党政当局之邀约，面告此种开会，过去常有其事，向未发生事端。但在该会开始前一二小时，本校又接到云南省政府及云南警备总司令部会衔公函内开"查目前集会，均须事前请准，始得举行，顷悉云大、联大、中法、英专四大学学生自治会发起演讲会，于本日下午六时半在云大致公堂举行，欢迎各界人士前往参加，此种集会，并未先行请准，应即停止举行，以免影响治安，希即转知贵校学生自治会遵照为荷"等语。本校认为学生在校内集会，过去情形良好，且当日上午曾与当局说明，似无劝阻之必要。不意当晚该会进行中，突有枪声四起，流弹横飞，幸学生持以镇静，未肇事端。及散会后，参加者又为军警所阻，至深夜始得通行。翌日本市报纸载有昨晚联大附近匪警之消息。因此群情愤慨，本市中等以上学校学生遂相率罢课，要求地方当局查办前晚负责开枪之人员，并收回与中央法令相抵触之禁止集会之禁令。罢课后，本校当局一再晓谕学生，劝令复课，预计本月三日可以上课。至三十日，复有便衣暴徒闯入云大及中法校内，捣毁校具。当日学生出发，在外说明罢课，呼吁和平，比遭暴徒痛殴及枪击，学生亦有被拘入宪兵驻在所者。当晚学校当局又复告诫学生，以后勿再出校，免生意外。乃本月一日晨十时许，即有身穿杂色制服者数十人，并有佩带领章符号者，手持木棍扁担，呼啸冲入云大校门，捣毁器物。少顷，本校新校舍门前，陆续到有百余人，佩有第二军官总队符号，以木棍石子向校门进攻，以致发生互殴情事。暴徒手持手榴弹预备投掷者，为本校教授高崇熙所见，立劝队长加以阻止，该队长颇明大义，即将该手榴弹夺回，掷向南区校舍外。时有南菁中学于再先生，来到本校理发，被阻于门外，先遭暴徒殴伤头部，复被弹片中伤，当晚身死。学生遭毒打受重伤者十余人，本校教授袁复礼适在南区校舍，冒险劝阻，亦被殴打数棍。同时复有暴徒四五十人，或御制服，或穿便衣，由某团部某干事率领，先到本校附中捣毁门窗牌告，并毁坏捐款箱，劫去捐款，中学生见状躲避，幸未伤人。该暴徒继往本校师范学院，强行闯入，先在饭厅前掷手榴弹一枚，学生闻声避入隔壁工校内，初未伤人。及暴徒等已退去，学生反身关门，暴徒复反身将门打破，掷手榴弹二枚，当场炸伤学生多人，内本校学生李鲁连，即时中弹倒地，昆华工校十七岁学生苟极中（即张华昌）头部受重伤，本校女生潘琰，头部胸部受重伤，均于当晚死命。本校员生闻变，前来救护，并将死伤同学抬至云大医院，当时复有大队暴徒跟踪而至，将甫自医院退出之学生包围毒打，其中本校学生高金堂受重伤，该暴徒等更劫去钢笔手表及学生证等物。下午二时许，有身穿灰色制服及便装暴徒六七十人，由一身材高大服黑衣者领导，闯入本校工学院办公处教职员宿舍，任意捣毁校具，破坏门窗。本校教授马大猷、钱钟韩及教员牟光信出面劝阻，即遭毒打，暴徒临去时，复将校警所持之步枪两支带走。早在当日晨六时，即有暴徒六七人，闯入工学院学生宿舍，时学生尚未起床，幸无死伤，暴徒只破坏门窗牌告而去。总计本月一日暴徒在本校散在四处之各学院及附中所肇事端，共有五起，而师范学院所遭事变最为惨重。以上所述多节，为是日惨案经过情况。就调查所及，当日员生被殴杀者凡二十九人，计立时死命者一人，逾时死亡者三人，受重伤住院者十一人，轻伤者十四人。综观惨案经过，自非偶然事件。查当时地方最高当局于惨案形成期内，实总揽当地军政大权，对于学生集会，施以高压，应负激成罢课风潮之责任。事件发生后，本市报纸对于罢课实际情形及暴徒殴杀员生事件未获有正确之登载，学生情绪之被抑，无可告诉，其悲愤概可想见。查惨案发生时，军队有驻扎于大西门城楼者，离本校不过数步，对暴徒之呼啸杀人，达数小时之久，学生等之惨号呼救，绝无不闻之理，而该处军队事实上竟未出而阻止，更无当场拘捕凶手之事。复次，暴徒于分批至各校杀害师生后均高呼口号，游行过市，军政当局对于各校学生校内集会尚加干涉，并颁禁令，何以对于暴徒结队杀人，叫嚣过市，置若罔闻。此种矛盾措施，更足以证明该暴徒闯入学校，捣毁校具，殴杀学生，实为当时军政当局之责任。自惨案发生以来，此间教育界人人自危，觉随时随地均有横被殴杀之可能。本校教授会于惨案发生后，即成立一法律委员会，根据法律，向政府有关部门提出法律上之控诉，以维法纪，并发表事变经过。现在中央对于此次事变负责之当局，已有初步之处置，并经各方面努力调停，学校已渐恢复常态，所以请诸位先生转告社会，以明此次事变经过之真相。

1945 年 12 月 26 日

附:昆明西南联合大学校友会为母校遭受枪击屠杀惨案敬告全国同胞书

我们非常骄傲是西南联大的学生：

西南联合大学诞生于兵凶马乱之际，一再播迁，终久停息于西南最大的都市——昆明。它的诞生虽说偶然，但无形中原就有一种传统凑合的力量，没有这种传统，即使能够凑合，绝不能持久。这传统就是北京大学的"自由"，清华大学的"民主"和南开大学的"活泼"。缺乏民主的自由，固然等于具文；没有自由的民主，当然也不可能。民主与自由如果缺乏活泼的精神，必流于消沉松懈；但活泼的精神，假如没有民主和自由的支持，蓬勃热烈的生命力也就无从产生。只有三者融合之后，才能相得益彰，而后有发扬，有创造。

九年了，联大究竟造就了多少人才？究竟对国家有多少贡献？我们实在无法用数字表达出来，也难用世俗的方法予以衡量。但是九年中，它却能维持一个学术的水准，它确实能维护着优良的研究学术的作风，而始终未尝低落或向坏的方面变更，这水准使中国在艰苦的战争中依然在国际上博得不少声誉，这作风保证了中国学术进步的可能。在各个部门都趋于腐化的这些年月里，对祖国的前途，我们永远不肯绝望，就因为有这一座学府作砥柱于中流，它虽然像日食时的太阳要被浮云所掩遮，而光明则始终未曾熄灭，永远保持着它普照的热力——那就是中国的希望。

我们非常骄傲是西南联大的学生：

在长期的战争中，联大的师生都生活在苦难的日子里，贫困笼罩着一切，营养的不良，衣衫的褴褛，书籍仪器研究工具以及居屋都是奇特的困难、缺乏，憔悴、衰颓、死亡，世局国难的苦闷，社会的辛酸……这种种人间的不幸，不断地连续地打击在他们的身上，而他们依旧坚贞不易，在继续一个永远不会终止的工作——真理的追求。

我们非常骄傲是西南联大的学生：

多少人误解了联大，联大的外表是多么贫乏和零乱呵！然而，唯其贫乏，才养成一种刚毅自信的精神；正因为零乱，便产生自由独特的思想。这种精神和思想，虽然显得松懈，却蕴含着无比的力量和沉默自动的作风，在沉默中透视了事物的真相，并分辨出是非，益之以自动，所以在不期然之中，几年里曾经干过许多轰轰烈烈的事情——向贪官污吏进攻，向法西斯的恶势力宣战，联大的阵容是整齐而强壮，联大的师生的言行，不但突破了郁积的窒息，而且振奋了全中国的视听、人心。

我们应该骄傲是西南联大的学生：

联大是学术的权威，是民主的堡垒。这是什么力量在迫使？是什么力量在支持？不是的，这完全不是被动的，不是勉强的，而是一种充溢的内在的浩气在警惕在策励联大的师生要去完成一个任务。这种充溢的浩气，正是我们中国文化的精华，它恰像西方苦行修道的精神。我们说：中华民族的伟大，中国文化真正值得推崇的地方，便是这种精神，和对于这种精神的能够吸收和发扬，绝不如世俗所争道的在繁文缛节。于今，当精华快尽，民族活力被遏制得将衰的时候，硕果仅存的契机，是通过这座学府，让精华与活力能恢复而传递于无穷，中国的危机才能因之而得挽救。

我们怎能不感到悲愤，怎能不感到沉痛，面对着垂危的祖国，我们已看够了贪污腐化，看够了人民的苦痛和独裁作风的横行，我们正等待着胜利会给中国带来一些幸运，胜利会使中国走上进步的道路，但是直到今天，我们还没有得到这些，相反地只是更加倍的贪污腐化，更加强了人民的苦痛和法西斯的倾向，胜利带来的不是幸运和进步，竟是毁灭！

在这样反动的时代，全中国都已被遏制得没有声音，联大当然也不容许例外，只是为了联大的声名和地位，在重重阻击之下，联大勉强保持了一点呼吸的自由。然而这种自由，也不允许长久，恶势力的魔手，终因向民主堡垒挑战，威胁利诱都宣告失败，集团的屠杀逮捕，便公开地在光天化日之下展开。军阀党棍利用武力和特务的支持，不顾一切法纪舆情，毫无人性的向我们的母校的师生毒辣的进攻。我们找不出任何理由，可以原谅军阀党棍们这种无耻的兽行。这一个具有光荣传统的学府，不被爱护，反被捣毁；学府优良的作风，不受鼓励，反要予以摧残。两三千师生的生命没有保障，民族危机唯一的契机要被消灭，在暴力的前面，学术等于粪土，学府尊严完全扫地。自由研究、讨论被视作反叛。呼吁民主和平被当为异端。在暴力施展者的眼里，人应该都是驯服豢养的畜牲，人不应该有独立自尊的人格。暴力施展者希望人只有服从，没有反抗，希望只有盲信，没有怀疑，人顶好都是麻木不仁的动物。于是联大的精神，自然为他们所痛心疾首。他们相信暴力可以统治一切，暴力万能，暴力便依着次序由别的地方移到联大。

然而，联大不是这样驯服的畜牲。联大的精神与暴力者的希望完全相反。在联大里，自由研究自由讨论是教育主要的方法；尊重个性尊重人格是教育重要的目标。在联大里，没有强迫，只有诱导，没有盲从，只有信仰。联大存在于现实里，联大的师生绝不能无视现实里一切变动。联大的精神使每一个联大的师生绝不甘于麻木不仁。联大的存在和光荣的获得，既是依靠自由民主和活泼的传统，联大的师生绝不自私独占这全国人民所羡慕的传统，这传统必须普及全中国。联大是民主的堡垒，但这堡垒绝不能长期局限于联大的围墙之内，这自由呼吸的空气，必须散播全中国。

中国人民在痛苦中正在呻吟待救，中国的国运已濒于垂危，联大的师生已无法再沉默等待，对当前的危局必须提出主张，提出呼吁。没有问题的，军阀党棍们不能允许这类声音出现。

就在三十四年十一月二十五日，反动者于早晨滥用权力颁布禁止人民集会游行的非法命令，下午武装干涉联大、云大、中法大学及英专四校经常举行的时事座谈会。学生为了减少纠纷，临时把会场由云大转到联大，当晚会正在严肃的空气中进行的时候，联大四周已被军警包围，交通已被断绝，枪炮之声大作，流弹横飞于会场之上，近万的昆明学生在悲愤的心情中，俯地听讲，会议终于在反内战歌声中结束。

二十六日清晨，昨晚那一群纯洁爱国的青年和教授，在中央社的电讯中，竟被诬为土匪，这种限制自由诬蔑人格的无耻言行，立刻掀起了学生的愤怒，昆明学生以行动争自由，以罢课向恶势力表示抗议。

我们郑重声明，昆明联大校友会站在公正的立场，秉爱护祖国爱护母校之忠忱，完全同意昆明学生这一坚决的措施，并愿政府立即循合理的途径，采纳学生的意见，以谋解决。

然而，昆明军政当局的回答，不是调协，而是更残暴卑劣的手段，利用新闻，利用金钱，进行种种污蔑收买分化的勾当，更进而指使特务沿街殴辱、逮捕为和平民主而工作的学生，并用"赤匪"一类词句来污蔑青年。

十二月一日这批伪善的"革命"军人政客，用了超越一切历史上暴君的凶恶手段，大批军队特务分区地向各个学校同时展开屠杀枪击，我母校本部被手榴弹炸死一人，重伤十余人，轻伤不可数计，袁复礼教授也被殃及，校舍被毁。师范学院被手榴弹炸死三人，轻重伤数十。工学院也被捣毁，马大猷教授因劝阻也遭痛打。附中校舍也于同时遭到同样的命运。

如是一个争取和平民主的运动，在军阀党棍的主使下遂演成为一个惨案，就是"一二·一"惨案。这个惨案之残酷，史无前例。在军阀党棍滥用权力滥用武器之下，法纪荡然，学府尊严、青年的血肉遭受牺牲，中华民族硕果仅存的一点优良传统，也要遭到迫害。

我们，昆明联大校友会，对这一惨案的造成，感到衷心的愤怒。我们绝不容许恶势力继续存在，这种兽行继续滋长。我们悲痛，我们伤感，为了母校师长被殴辱，为了母校兄弟被屠杀。我们特别痛心中国走到民主的道路竟如此之艰难，不见于北洋军阀时代的事件都是今日演出，这充分地证明了没有民主没有法治的流弊，也证明了昆明学生运动的正确和必要。

然而，我们应该骄傲，我们是联大的学生。

母校弟兄姊妹们那种英勇战斗的精神，赤手空拳，不畏武器，不怕强暴，只为了正义和公理，敢于和军阀党棍搏斗，为了民主与和平、勇于牺牲。

我们，昆明校友会除了向母校的师长同学表示崇高的敬意之外，我们更增加了自信，我们要为这个伟大运动歌颂，我们也要歌颂母校这种震古烁今的精神。中国一定会进步，中国一定要民主，中华民族的活力依然充溢。联大的精神不仅暴露了反动势力的脆弱，联大的精神也恢复了民族的自信，惊醒了全中国人民。联大的精神已因这一伟大运动的锻炼而更有力量，更显得强壮坚固，一切反动的势力都将因联大精神之发扬而消灭。昆明党政军这次罪恶的行为，只更坚固了我们。他们的暴力，让正义和公理得到伸张的机会，这虽然不是军阀党棍所希望的，但他们的愚昧无知确实造成了这后果。

我们是骄傲的，我们亲逢这一伟大的运动。

我们虽然兴奋，却不能欢欣，只能警惕。

正义和公理虽然已因暴力而得伸张，但这无疑是不必要的。正义和公理应该在和平民主的环境中发育滋长。军阀党棍们的暴力不仅违反了人道和人性，也几乎杀害了民族的生机。

我们爱好母校，爱好中国，绝不忍母校遭受屠杀迫害而不闻问，绝不忍军阀党棍毁灭民族生机而不抗议。我们，昆明的校友会，为了人道，为了民主与和平，我们不能不为"一二·一"惨案向全国同胞提出控告，对于这灭绝人性的兽行一定要予以打击。

联大的师生是坦白纯洁的，他们的要求是合情合理的，所有的呼吁都是一个国民应有的权利，所有的行动都是循规蹈矩的。联大的师生在为民主和平而工作，这是全中国人民的希望，怎么可以任意加以"土匪""赤匪"一类的诬蔑。

我们昆明校友会认为党争原是一个民主国家的常规，党争应循适当的途径。一个有自信有前途的政党，应该用成绩的竞争来取得胜利，胜利绝不能自屠杀迫害和诬蔑中得来。一个有自信有前途的政党，应该用工作去争取拥护，绝不能自威胁到利诱中得来。历史已为我们提出了暴力必然失败的无数例证，聪敏的政党绝莫再重蹈覆辙。

因此，昆明校友会谨向全国同胞呼吁援助，援助昆明学生这个伟大的运动。我们首先要求全国同胞能共同支持我们的抗议：

（一）国民政府应该公开严惩肇事祸首及指使者，前任云南省代主席及全省警备司令应负全部责任。

（二）国民政府应该切实保障人民集会结社游行言论及民主国家人民应有之权利。

（三）我们要求政府应该确切保障学术研究的自由及尊重学府的尊严。

（四）我们要求新闻自由，对中央社一再蒙蔽事实，混淆是非，诬蔑学生运动等等卑劣电讯，实深愤慨。

（五）为了使党争导入正轨，内战能早停止，建设能早开始，民主政治的施行，已经刻不容缓，执政党应竭诚还政于民，用行动来实践诺言。

能这样，昆明学生的鲜血才不是白流，中国才有希望。

　　我们，昆明校友会谨以至诚向全国同胞致最大的敬意。为了民主和平的实现，我们愿与全国同胞共同努力，誓作昆明学生运动及母校的师长同学的后盾。

昆明西南联合大学校友会谨启

1945 年 12 月

日军轰炸下的西南联大

1941 年 3 月 26 日 （星期一）

下午五时起开联大校务会议，至十一点始散，（会中备晚饭两桌）到者共十九人，除由余报告近三月来校中重要事项外，所讨论最久之问题为下年是否仍设分校，如设分校应在何处，结果以反正两案付表决，各得七票。众意仍请常委做最后之决定，但一时似难即定，此事之最要观点为：

1. 分校在物质与精神上皆有不宜之处。

2. 五分校对于时局变化更难应付。

3. 为招收好学生则分校不分校皆可有办法。

4. 用费方面则分校人、物之运输以及修缮等费，较补助学生由川黔来昆之路费要多至数倍。

5. 倘欲以分校作较永久之布置则是另一个问题，但亦可考虑者。

会前，蒋谈及研究问题，谓宜由三校分头推进，余表示赞同。余并言最好请教部不再以联大勉强拉在一起；分开之后可请政府多予北大、南开以研究补助，清华可自行筹措，如此则分办合作更易进展矣。

1941 年 4 月 8 日 （星期二）

上午九点余有预行警报，初未介意。十点余赴校办公。十二点返家未久而警报来矣，家人幸皆已进午饭，余则携面包一块出门，与诸孩仍在苏家塘北山坡停留。12:45 紧急警报，1:05 敌机二十七架由南而北，炸弹声数批连续过后，而见城中起黑烟二三处，以后北方亦有炸声，闻为沙朗一带。2:45 回至新校舍休息，趁便办公。4:45 解除。五点余与诸孩至市中察看：翠湖东南西三面均落弹，一老人在桥边炸死，劝业场及大众电影场炸后延烧一空，武成路关岳庙对面烧数家，民生街炸二三处，光华街炸二三处，正义路马市口南炸……（原文有脱落）任均不至。乃绕道由民生街、福照街、武成路、洪化桥、钱局街经西仓返寓，因西仓坡东头以南有一未炸之弹，故行人不许经过。途中市民来往极拥挤，幸月色晴好，否则恐不免有意外发生。十一点电灯竟放光矣！

1941 年 4 月 17 日 （星期四）

下午六时约校务会议诸君会谈，蒋君提议由清华拨款补助联大八十万及其向教部所提之"办法"，惜因通知有未送到者，又同时有纪念日会序委员会，致到者先后颇参差，但最后决定二原则：

1. 倘北大同人果愿另起炉灶，则可三校预算分开，清华对于联大负其全责。

2. 倘只令清华向联大拨出应摊之八十万，则联大所多出之八十万为补助各校研究费者，清华应分得其比例应得之数。

后商定先由冯、吴分访周枚荪，一探北大方面意向后再商量。

七点约李宝堂、吴泽霖、雷田、张诸君便饭，菜太潦草，殊为抱歉。

1941 年 5 月 19 日（星期一）

早七点余起后，出至室外看玩山景，惜雾气太重，隔江之重庆城市亦看认不清。

八点宝弟、逢吉来，光甫陪食早餐，有镇江包子。餐后逢吉出示其手工制品之桃花桌布等，花样、颜色均颇新颖，冀于美国有大销路。至会中各部，分访晤席德柄、缨钟秀、凌济东，途中遇章友江，余绍光则未得见。

午饭在缪君家，盖席彬儒即住该处。饭后与宝弟搭缪夫妇汽车过江返寓，小睡一时许。

四点余至教部，先与吴俊升司长谈数事，如膳食津贴、毕业总考、研究费、留美招考科门。待至六点余见陈部长。

1. 关于研究费问题，陈问是否与蒋已商妥数目等点。余谓初已商有办法，后北大方面仍主成立独立预算，蒋谓日内将有信与部长详陈。陈问：是指研究费抑指整个预算？余答：是指每校整个预算；大约北大同人意见欲有独立预算，然后由各校预算拨提一部作联大经费，而以其余作各校自办事业费。陈摇首，谓：如此办法未妥，联大已维持三年有余，结果甚好，最好继续至抗战终了，圆满结束，然后各校回北边去。且委员长有主张联合之表示，未必肯令分开（教育合办事业多未成功，西南联大为仅有之佳果）；而物质上（指预算）如分开则精神上自将趋于分散，久之必将分裂，反为可惜，故不若在研究工作各校自办为是。

2. 陈问及分校问题是否有决定？余谓：如夏间时局无大变化，拟将分校结束，学生全在昆明上课，陈谓："还是昆明好些"（意兼指生活问题）。

3. 陈问昆明校舍如何，是否拟在乡间筑建？余告理学院在梨烟村造房计划，并出子坚所提说帖，陈谓：学校既然打算出四十万元，当无需再添许多。余谓：希望部中再拨若干以补不足，并可同时好向省方商请补助。

4. 关于留美招考问题，陈谓：清华此次能否多考送些名？余谓：今年拟考二十四名，系因去年只取十六名，以足每年二十名之额，因为清华现有美金收入每年约十万元，如每年送二十名，而学生可留美二年或三年，则同时在美将有五十人左右，其用费已在九万十万之间矣。

吴前谈时曾告已为联大列请追加预算数十万（总追加为八九百万），俟经核定再通知学校。

晚饭后王化成来谈颇久始去。

1941 年 5 月 25 日（星期日）

阴雨一日，气候凉了十余度，清早床上须盖双毯，午前外出须着薄外套，较之前日犹如夏秋之别也。

九点余早餐后，为王酌清夫妇约至其南岸立石沟山居小游，任敢同往，原拟在土桥看地者，因雨不得实现。王、吴、张亦均未来，与王、傅略谈清中建筑及经费问题。午饭有龙君夫妇及崔君在座，皆储汇局高级职员。饭后在廊下闲坐，雨中观山，别有意趣。五点余返城市。

六点半赴教育部陈部长之约，晤陈石珍、臧君（东北校长）、彭百川。饭为五菜一汤，颇称适口。饭后谈及毕业总考问题，部方颇主严切实行，陈再问及分校计划，告以二年级决迁回昆明，一年级新生如夏间云南无变化，亦在昆明上课，叙永房舍仍设法保留。陈表示颇以为然。九点余别出。

本年政府教育文化事业费共一万三四千万，其中用于军事机关者约五千万，国民教育一千万，用于高等教育（110 单位）者只三千万，大学学生共约四万人。

1941 年 5 月 27 日（星期二）

天阴颇风凉。七点半张静愚来访，谈及学校及清中问题极表热心，谈时觉到有两点，以后应提出使大家注意者：

1. 清华为中美文化合作之重要事业（以后在考送留美学生外，应多聘美国学术专家来国内讲学）。

2. 清华基金无论如何不应动用（近固有以一部分解众人馋涎论者实不妥当，且亦无效，徒启以后更多之觊觎耳）。

九点张去后始进早餐，以后未出门，更觉懒怠。

下午小睡后，五点余戚长诚偕孙立人来稍谈，同至俄国餐厅晚餐。在彼晤李现林，及……（原缺）君。六点半食毕，立人以汽车送至朱处。

七点又至牛角沱朱骝先饭约。座中有孙越崎（资委会油矿西北）、李叔堂（中研院）、沈君怡、丁君（陪都设计）、李君等。饮酒五六杯，杯颇大而酒甚好，不觉太多，但一晚而赴两餐，腹肠未免负担特大耳。去来均能搭得汽车，亦今日不可多得之幸运也。

1941 年 6 月 2 日（星期一）

早七点起，天气似较昨日更热，贝谛携九宝于清早往山洞矣。在室中早点毕，季洪自南岸来，正闲话间又挂气球矣，宝弟遂匆匆去，以便乘汽车往歌乐山。郑、罗、张同来。九点半发警报，十点紧急，十点十五分起始闻炸声，由远而近，六七声后有大声四五下，紧接至头上最后一下，空气似由顶上打下，感觉颇奇怪，洞内油灯皆为震灭，妇孺有惊叫声，张女士坐予旁，当亦吃惊不小，郑、罗与余互道"躬与其盛"。

十一点二十分解除出洞，则见医院大楼正中落一弹，楼梯处及偏左一部炸毁，楼后小房烧完。大门前、山洞上面均落有弹，无怪乎洞中空气震动如此之烈矣。

与郑、罗、张至荫庐及中央饭店，幸均无恙。食肉丝汤面、鳝丝汤面当午饭，饭后在郑榻小憩。三点回医院，室中尚无毁损，灰土已清除，拂拭二三次矣。八弟调派各事，应付来人颇忙。

六点以后至中央饭店，六人会合，仍在一心便酌，后加入巴金（姓李），已于楼下食过。回中央后在廊前与罗、张望月闲谈，不知不觉间已是十二点矣，街上无电灯，送张女士返荫庐，待其叫门进屋始返医院，途中竟走过通远门，至七星岗口始觉之，岂尚有酒意耶。

1941 年 6 月 3 日（星期二）

早六点起来觉无所事，遂又上床睡去，至八点三刻始起。傅任敢来谈订船往泸州，约明后日可成行矣。九点余挂起，而久无消息。十点以后，北风吹起，三角旋亦取下，热度在九点余已是八十八度，下午将更可观。幸风吹热散，至下午颇为凉爽，而阴云四合，渐有雨意。

四点余发两信：一与净珊，一与祖彦。至中央饭店，张充和未来，知必已返青木关矣。看何秋江为郑毅生刻图章颇好。

六点余为孙伏园所约，与舒、关、罗至"来来来"，一保定饭馆，其韭菜水饺、绿豆稀饭颇好。

老舍约至升平书场听山药豆与富贵花之大西厢，韵调颇不差，唱后又偕至其家稍坐。十点半返寓。自晚饭时起始落雨，时大时小。返寓后雨势渐大，盼能继续一夜，则非但热气可以减除，空袭可以暂免，而稻田得雨，年成有望，于民生大有关系也。

1941 年 6 月 10 日（星期二）

清早雨已停，至午前云亦渐散，下午晴热。

八点罗君来导往城内校舍各部视察，先至东城文庙内办公处与今甫稍谈，并晤褚士荃君，然后视察各行政部分及内院之教室，后至以下各处：

帝主宫女生宿舍，在东城，府城隍庙，南华宫男生宿舍，及大教室。以下皆在西城：春秋祠男生宿舍，教职员宿舍；天上宫阅览室及理科实验室。

后至蓬莱巷今甫寓所休息，晤总务主任刘康甫，新病尚未大痊。

中午返招待所午饭，饭后小睡，未久即有客来。四点在招待所与校务委员会诸君会谈，今甫来信谓下午忽发热甚高，未能到会。

为诸君报告最近学校情形，及关于分校问题之决议，后由诸君发言表示意见，约可归纳如下：

1. 学校去秋分院迁川之"诺言"；

2. 叙永人士之热心挽留；

3. 学校似无一定及长久计划，出尔反尔，虚耗巨款非宜也；

4. 昆明局势是否较去年时为稳定；

5. 但下年如继续在叙，亦应更使充实；

6. 如迁回，对于同人眷属旅费应多补助；

7. 二年级是否可以留叙？

8. 助教多愿回昆，学生闻返昆讯皆大高兴。

余除简单说明外，未多辩论，但允为转达昆明，并催速决定通知各方。

六点余会餐，在院中颇风凉。饭后月色较好，与李忍涛、姚楷、杨昌龄（三君午后自纳溪来此）闲谈。李对于昆明，认为敌所必取而我方自亦必拒守，但昆明如失则叙府继陷，而川南川东亦必不稳矣。此种推测数月之后或能证明。

十点余因院中露水太重，虽欲饱看圆月不可久留，只得归房就寝。

1941 年 6 月 12 日 （星期四）

一夜雨未止，上午更密而有力，地方人近来极盼雨，今获甘露矣。

十点以汽车往城内，先至教职员眷属宿舍，在吴之椿家稍坐。

十点四十分在南华宫举行国民月会，由余报告昆校最近情形及关于分校问题决议外，特勉励学生注意：劳作精神、团体生活、选系意义。

中午袁、霍、李、陈、吴、曾、龚、褚君约在西南餐厅小聚，略谈校中问题。饭后在袁、曾家。

下午四点，清华同学会在春秋祠后院茶会，到会廿余人，余为略述昆明纪念日开会情形，并及关于清华、北大之问题。

六点何县长及何廷琦（叙中校长）在所中设宴，座中晤谢式瑾（烟酒税局专员），为老北大同学，颇和气健谈。

一日雨水未稍停息，除道途泥泞外，室中甚为舒适，晚间则蚊子更多，席散后即收拾睡下矣。

1941 年 6 月 14 日 （星期六）

天晴又热矣。早六点起收拾行李零事。九点前主人十五位已先后到场，客人有叙校同人九人，又 305 师张参谋长及各处长及他客，共坐四桌，十点三刻幸得终席，即向各位握手告辞，登车启行。

一点余到大洲驿饮茶休息，茶馆兼办旅馆，系春间新开者，主人七十大寿兼娶儿媳，又开新张，于是贺联满挂壁间矣。

三点到花背溪，为学兵队防毒处分处所在地。渡河后至处中，李、杨、姚、汪诸君已久待矣。四点出酒饭小酌，饮桔精酒及茅台酒各数杯，皆甚好。

六点余，李总队长导往纳溪双河场干训班参观各部，均甚整齐、清洁，纪律似亦甚佳，因天色昏黑未能多看。八点再登汽车往蓝田坝招待所，九点余到达，幸得保留客房二间。行李安顿后与薛经理商量，得一盆水洗澡后，即上床睡矣。

1941 年 6 月 17 日 （星期二）

昨晚睡时已渐落雨，彻夜未停。清早犹阴云密布，细雨淋漓。早餐在吴宅食汤面。餐后商量作归计，而雨势忽大，二三刻以后雨稍停。乃相偕持伞往厂中大码头，未久雨又至，且愈下愈大，到码头鞋裤已湿，而雨更有滂沱之势，舵工亦谓江水盛长，逆行更有困难，于是暂作罢论，至吴君办公室休息。

午饭后小睡，三点以后雨虽未止，但仅淅沥而已，遂决计归矣。厂中备花杆送至船上，船亦为厂中专用者。吴、杨、陈、戚、杨、李诸君均来江边送行。

四点十分船开，船上共有船夫八人，皆年轻力壮，身体矫健可爱，而掌舵则为一老者，年约五十上下，神采奕奕，左瞻右顾指挥若定，吾辈坐舱中外望，既玩江景，且羡此班人健壮之生活，使自家精神亦为之一振矣。开船后上行共过滩三，为小米滩、黄滩、土地滩，在此波涛汹涌礁石暗伏之境，非有经验而动作敏捷者，盖难免不有意外也——上午在码头见一货船风雨中急流而下，午饭时闻人言系舟子失操纵能力，故随波驰去，已在泰安场触石沉没矣。

六点过沱江河口，水清，与长江合流处清浊分明，管驿嘴即在此两河交流处。泸州之地势极似重庆，沱江犹如嘉陵江，管驿嘴犹如朝天门也。

六点一刻抵民生公司码头，稍公谓天晚不能开往蓝田坝，吾等未便强其开行，遂登岸雇车至山岩，在市中稍有耽搁，至山岩已黄昏矣。下看江流弥漫，较一周前不知涨得几许，而天空浓云低压，又若有大雨将至者。惟盼赶早过江，到得南岸后，即有雨湿泥泞，不过衣物之污损非所虑也。下码头时已有小雨，登一船欲令"单撑"即开行，乃舟子为一奸猾老头，贪图多赚，必待至上得十五六人始开。经多人催促前行，时天已昏黑，江面仅能辨出急流处为礁石所在，而此船又仅一人撑摇，无他助手。此老侩之贪心，置客人安全于不顾，实可痛恶，而当时亦无可如何，幸船客中有愿帮其摇橹者，始得缓缓过江。而傍岸则在蓝田坝以下二里许，彼乃缓撑前进，其意图欲使客人不及待便可登岸去矣。余等登岸处为一陡坡，幸四人皆着草鞋，尚无滑跌之虞。到坡上见一宽长亮线，知为人行路，循之南行，黄在前引路，兼为余扶持，脚下则不顾泥水深浅，惟望勿陷深坑或滑下坡去则以为大幸。行约廿分到汽车路上，水坑反更多，又行约二十分，到蓝田街市，石路平坦，稍得心安，而大雨忽至，风吹斜打，头肩以下尽湿透矣。行至市南端一饭馆，名"一品香"，为一河南人所开，能做面食，但因缺乏面粉，仅有米饭，勉强凑得数菜，以当晚餐，各饮白酒少许，以驱寒湿。时已八点半，招待所或他处盖皆难得食也。九点一刻食罢，买火把两束，小雨中做最后之行进，近九点半到招待所，赶即进房脱去湿衣，更得温水草草一浴，四人临睡前互庆平安。盖此日之经验，过后思之，犹以为幸也。

1941 年 6 月 29 日（星期日）

晴热，蔚蓝天空，片云绝无，盖较昨日更热矣。

早饭后八点三刻出发往石岩湾社会所，由董君引导，小路迂回，于山坡田埂间颇难辨识。途中两次迷路，经问村妇、牧童后始得前进，到石岩湾为十点一刻，盖用时一时半矣。到后始知所中清华同学八九人拟公宴于李庄饭店，则又须下山去，但因众人盛意，未便推却尔。因有警报，在客堂久坐闲谈，十一点半闻炸声，有人谓或系重庆被炸者，未敢置信，不信声音能传来如此之远也。

一点半始由所往李庄镇市，行未远又闻轰炸声自东方传来，乃在山坡树下稍停。二点一刻进镇，街上人甚多，为赶场者，竟都不疏散，实为不妥。

李庄饭店一席共十三人，余与郑、罗、董、陶为客，主人为汤象龙、梁方仲、徐义生（尚在昆明）、巫宝三、潘嘉林、严中平、林兴育、桑恒廉、夏鼐（博物院）。

饭后三点余与陶先生至慧光寺同济大学访周均时校长，谢其饭约盛意（今晚）。

后至巫宝三家稍坐，晤杨时逢夫妇，与巫同院住者。至羊街六号李济之家，八号梁思永、刘士能家，各稍坐。天夕上山，返板栗坳。

晚饭为董同龢夫妇所约，食打卤面。食方毕，所中会计萧君自山下酒醉归来，入室后初仅吵嚷，后更哭闹，余等退至方桂处茶话，乃隔壁即为萧之住房，纷乱声音至夜半始息。盖萧去岁曾丧一男孩，为素所珍视者。以后每饮辄醉，醉则念其小孩而哭而诉，今晚一幕则哭闹特甚，最后结束，乃由其妻挽一邻孩来为其亡孩跪地叩首三次始寝息。盖此孩前曾与平汉玩耍而起争吵，今萧欲以此慰彼亡魂，非醉人固不做此想也。

1941 年 7 月 5 日（星期六）

一日有风，虽热不闷。

早六点起因与郑、罗商定清早下山，下午往叙府。早餐时闻方桂夫妇言昨夜邻村有枪声颇多，时余已入睡乡矣。

七点半辞别所中诸君下山往上坝，方桂夫妇等送出里许，至一山坡，经再辞谢始折回。乱离之世会聚为难，惜别之意，彼此共之也。

八点半至上坝营造学社，再看梁夫人病。大家坐廊下，颇风凉。徽音卧一行床，云前日因起床过劳，又有微烧，诸人劝勿多说话，乃稍久坐，临别伊再提及愿返昆明之意，但余深虑其不能速愈也。

午饭在李济之家食凉面，为湖北吃法，但无卤无汤，似不及平津之麻酱黄瓜加蒜汁为更有味。饭后至江边一茶楼饮茶，藉等船来，楼上甚风凉快意，送行者董、芮、杨、王、陶、李诸君皆来伴饮，李老太即亦缓步参加，临别握手曰"江干一别"。言外之意，不禁凄然。

三点，"长丰轮"自下流开到，仍以趸船登轮，思成亦送至轮边，余对此小夫妇更为系念也。

五点，船入岷江口，即泊码头。下船时适遇东华公司一老夫役来接，由老头代雇车出城，至西路桥唐君等住处，车未出城忽有警报，幸一时余后即解除矣。唐邻岳因事往威远，晤其夫人及饶辅民、邓廷法二君。

晚饭后在室外纳凉，月色甚好。十点擦澡后睡。余等住一室，床帐则主人已代备好矣。

记录李公朴、闻一多先生被暗杀的日记

7月12日　F. 晴。今日起始视事，中午清华校务会议，光旦迟来，始悉李公朴昨晚在学院坡被暗杀消息。下午李圣章来稍坐。

7月15日　M. 晴。日间批阅两校公事颇忙。夕五点余，潘太太①忽跑人告闻一多被枪杀，其子②重伤消息，惊愕不知所谓。盖日来情形极不佳，此类事可能继李③后再出现，而一多近来之行动又最有招致之可能。但一旦果竟实现。而察其当时情形，以多人围击，必欲致之于死，此何等仇恨，何等阴谋，殊使人痛惜而更为来日惧尔。急寻世昌④使往闻家照料，请勉仲往警备司令部，要其注意其他同人之安全。晚因前约宴中央及中航二公司职员光徐诸君，但已无心欢畅矣。散后查⑤、沈⑥来寓，发急电报告教部，并与法院、警部及警察局公函，一点余始睡。

7月16日　T. 阴。昨晚十二点 Roser⑦偕二美军以吉普车接光旦夫妇往美领馆暂避，今早大致尚安定，惟各家尚甚感恐慌耳。午前十点偕郁文

---

① 潘太太，即潘光旦夫人。
② 即闻一多长子闻立鹤。
③ 即李公朴，于闻一多遇害前四日（1946年7月11日）被暗杀。
④ 即赵世昌，时为清华庶务组技师代主任，联大事务组技师。
⑤ 即查良钊，时任联大训导长。
⑥ 即沈刚如，时任清华校长秘书。
⑦ Roser 为美领馆副领事。

往云大医院看闻夫人及立鹤伤势，肺部曾受三枪，今早已停止出血，腿部中二枪，一大腿骨已断，枪弹尚在内，但此子体格甚好，或能出险。医院中闲人甚多，盖李公朴遗体于今午火化，故来看热闹者特多也。中午访霍总司令未遇，留片。下午接警备司令部复函谓已悬赏缉凶，关于同人安全问题，提议最好大家聚居一处以便保护。下午四点约黄、查、贺、雷、沈组闻教授丧葬抚恤委员会，六点余往美领馆晤光旦、奚若，并与 Roser 稍谈，闻彼处已住有十七八人，但除光旦夫妇、孝通一家，及奚若外，其他则不知皆为谁何也。

7月17日　W. 晴。令世昌购米面糖茶火腿黑大头各若干及毛巾二打，于下午送与 Roser。下午五点联大常委会，开会前全体往云大医院视一多入殓，仅着蓝衫，盘坐于铁龛内备明午火化者，其面目尚静定，盖已为殓者整理过矣。

7月18日　Th. 晴。中午一多遗体于云大操场火化，系由佛教会僧徒办理，观众不甚多，秩序尚好。下午子坚、勉仲来商为一多举行追悼会及修衣冠冢事。二点余刘参谋长来谈时许始去。

1946 年 7 月